Die ewigen Geheimnisse der Liebe

Die ewigen Geheimnisse der Liebe

**Glück. Liebe. Wohlbefinden.
Leben und zwischenmenschliche Beziehungen.**

Bernhard Führer

Copyright © 2024 Bernhard Führer
1. Auflage

Alle Rechte vorbehalten. Insbesondere das Recht der Vervielfältigung und Verbreitung sowie der Übersetzung. Kein Teil des Werkes darf in irgendeiner Form (durch Fotokopie, Mikrofilm oder ein anderes Verfahren) ohne schriftliche Genehmigung des Verfassers reproduziert oder unter Verwendung elektronischer Systeme gespeichert, vervielfältigt oder verarbeitet werden.

Die im Buch veröffentlichten Ratschläge, Aussagen und Anmerkungen wurden vom Verfasser sorgfältig erarbeitet und geprüft. Eine Garantie kann dennoch nicht übernommen werden. Ebenso ist die Haftung des Verfassers beziehungsweise des Verlages und seiner Beauftragten für Personen-, Sach- und Vermögensschäden ausgeschlossen.

Vertreten durch: Dr. Peter Josef
Gestaltung: Romil Bhagat, BSc
Lektorat: Mag. Otto Wögenstein, Bernhard Mathias
Verlag: edition eco
Für Fragen und Anregungen: office@strategy-plan.at
Printed in Germany
ISBN: 979-8-83940-567-2

Dank

Einen gebührenden Dank möchte ich all jenen aussprechen, die mich während des Schreibens an diesem Buch und auch abseits davon unterstützt haben. Ich stand einen bedeutenden Teil meines Lebens in der Schuld anderer Menschen. Durch verschiedene Berufe und Tätigkeitsbereiche war mir dieses Gefühl leider häufig vertraut, zu Bett zu gehen und am nächsten Tag früh morgens wieder aufzuwachen, in der Schuld anderer Menschen zu stehen und das, ohne zu wissen, wie es weitergeht. Aber nichts gab mir solch einen Antrieb und ein so starkes Gefühl, jemanden etwas zu schulden, wie das laufende Schreiben an diesem vorliegenden Buch.

Besonderer Dank ergeht an Peter Josef, ohne den dieses Buch erst gar nicht möglich gewesen wäre. Ein großes Dankeschön gilt natürlich auch meiner Familie, Bekannten, Freunden, Kollegen und Verwandten, die im Zuge dieses Buches tragende Säulen für mich gewesen sind und die eine oder andere wertvolle Anregung geliefert haben, mich dabei aktiv unterstützten und dazu konstruktive Denkanstöße eingebracht haben.

Vielen Dank meinen beruflichen Kollegen, welche mir wichtige Inputs lieferten und wertvolle Denkanstöße für mich parat hielten. Diese sind es auch, ohne die dieses Buch nie zustande gekommen wäre. Ich durfte Freunde, Verwandte und Kollegen immer wieder ein Stück auf Ihren Wegen begleiten und konnte beobachten, wie diese den ihrigen Traum leben und Verbesserungen in ihrem

Leben erzielten. Meine Leser und Mitmenschen sind es, die ihren Anteil an der Gesellschaft haben und die letztendlich uns alle ein Stückchen weiter voranbringen. Schließlich sind wir alle auf die eine oder andere Weise miteinander verbunden, ob wir das nun wollen oder nicht.

Danke auch an meinen Nachbarn Josef Löw, durch welchen ich im Laufe der Jahre, mit Hilfe seines weltoffenen und aufgeschlossenen Gemüts für das Leben und die Welt, über unser beschauliches Dorf weit hinausblicken und viel Neues lernen konnte. Geprägt hat mich vor allem Otto Wögenstein, welcher sich der Bildung junger Erwachsener widmete und dem immer etwas dran lag, Wissen mit anstatt ohne „*Gebrauchsanweisung*" zu vermitteln. Dank ergeht ebenso an Christine Zimmermann. Sie leitet eine der größten sozialen Einrichtungen in meiner Region und kümmert sich so um die ärmsten der Armen, ausgestoßene, verlorene und vergessene Menschen und solche, von denen unsere Gesellschaft erst gar nichts weiß. Sie lebt Opferbereitschaft, Einfachheit, Hingabe und sich nie für etwas Besseres als andere Menschen zu halten. Zu schätzen weiß ich ebenso meine Ausbildungskollegen Christian Waldner, Jennifer Kocheim, Christian Ortner, Jennifer Bauer, Josef Donà, Petra Galantini, Simon Leitner, Robert und Sophie Vizthum und Benjamin Reckla. Durch sie lernte ich nicht nur den Wert der Bildung, sondern auch die Weisheit des Humors, um besser durch das Leben zu gelangen. Dankbar bin ich auch für meinen Freund Bernhard Mathias, der mich seelisch und mental unterstützte und dessen sonniges, bescheidenes und gleichzeitig scharfsinniges Gemüt ich besonders schätze. Stephan Frank danke ich für seine aufmunternden Worte und seinen guten Zuspruch und Michael Schertler, dass ich immer auf Ihn zählen kann und von dessen praktischen Tun ich stets fasziniert bin. Dankbar bin ich auch für meine Jugend- und Kindergartenfreunde Nikolaus Gindl, Daniel Opat, Matthias Schneider, Markus Haindl und Thomas Walouschek. Zu schätzen weiß ich auch meine Kollegen und Freunde Helena Ziolkowski, Karl Beisser, Gottfried Berger, Roman Brenner, Christoph Dimmel, Sabine und Christian Dürnwöber, Onkel Franz, Gerald Haindl, Josef und Maria Heeger, Thomas und Martina Horatschek, Josef und Otto Jaus, Mario Opat, Martin Pollhammer, Roland und Franz Mayer, Wolfgang Meister, Hildegard Nittmann, Karl Mittermayer, Michael Edlinger, Clemens Hickel, Karl Gschwindl, Martin Mathias, Josef Mathias, Gerhard Schuller, Johannes Schwarzmayer, Vanessa Kurtz, Sandra Manzinger, Viktoria Grundschober, Gerhard und Manuel Wernhart, Ronald Wernhart, Werner Knie, Manuela Bernard, Thomas Seitner, Karl und Cornelia Frühwirth, Wolfgang Hirschbüchler, Johann Ammerer, Christian Mayer und Philipp Schmid. Danken möchte ich auch meiner Schwester für die Durchsicht und Hinweise auf die Struktur und den Inhalt des Buches. Dank ergeht ebenso an meine Mentoren, welchen ich zur Seite stehen durfte und die Einblicke, welche sie mir gewähren ließen. Dabei war ich immer verwundert, welche unterschiedlichen Zugänge Menschen zu ein und demselben Thema haben können. Diese unterschiedlichen

Perspektiven sind es, die dieses Buch zu dem machen, was es ist.

Einer meiner Professoren rief mir immer ins Gedächtnis: *„Man muss die Dinge aus mehreren Perspektiven sehen. So wie du sie siehst, so wie ich sie sehe und so wie wir beide sie nicht sehen."* Nicht zuletzt deshalb erfolgte eine Herangehensweise aus mehreren Perspektiven. Ich hoffe, ich konnte diese „*Perspektive*" in den folgenden Sachverhalten einfließen lassen.

Bernhard Führer

Liebe finden und behalten 1

Die Kunst zu lieben 6

Erfüllte Liebe finden 14

Ewige Liebe oder doch nur leere Floskeln 25

Glaube und Spiritualität 29

Leid, Tod und Seelenfrieden finden 33

Kränkung, Ablehnung und Kummer 40

Lieben lernen und loslassen 51

Freundschaft 75

Zwischenmenschliche Beziehungen und Geltungskraft 83

Ziele, Optimismus und Freude 88

Folge deinem Herzen und deinen Leidenschaften 92

Liebe ist etwas (un-)beständiges auf dieser Welt 103

Prinzip der Liebe 109

Zusammenfassend 113

Liebe finden und behalten

Die wichtigste Stunde ist immer die Gegenwart, der bedeutendste Mensch immer der, der dir gerade gegenübersteht, und das notwendigste Werk ist die Liebe.
– Eckehart von Hochheim

Eine Vielzahl von Büchern versprechen den „*richtigen*" Weg für *Glück*, *Liebe* und *Wohlbefinden* gefunden zu haben. Ich habe viele davon gelesen. Zusammenfassend lässt sich sagen, dass die richtigen Grundsätze für ein erfülltes Leben vor allem mit Ihren Zielsetzungen und bewährten positiven Glaubensansätzen in Verbindung stehen. Das Leben, Glück, der Zufall, Pannen und Missgeschicke sind unvorhersehbar und niemand weiß, wie lange er zu leben hat. Einige Wörter sind deshalb besser früher als später gesagt.

Liebe geht immer ans Lebendige. Es sei denn, man spielt das Spiel nicht mit. Niemand kommt heil aus der Liebe heraus. Wir glauben, wir seien vernünftige Wesen. Aber wie *Blaise Pascal* einst sagte: All unser Denken ergibt sich dem Fühlen.
Wie aber die ewige Liebe finden und wie sie behalten? Gibt es eine Formel für das Liebesglück und was sagt die Wissenschaft dazu? Kann man dieses schönste Gefühl der Welt langfristig lebendig halten?

Rosarote Schmetterlinge im Bauch, weiche Knie, Herzklopfen, nervöse Flecken im Gesicht, der erste Kuss, schlaflose Nächte und das erste Mal – wie schön kann Liebe sein. Sie erinnern sich an Ihr Verliebtsein? Auch wenn wir schon öfter den Rausch der Liebe erfahren durften, so erscheint der Start in das zweisame Glück jedes Mal wie ein neues Wunder. Abseits von der neuen Liebe wird alles andere zur Nebensache.

Was sagt die Wissenschaft dazu? Die Erkenntnisse dazu sind eher ernüchternd. So soll das Verliebtheitsgefühl, also die Ausschüttung unseres Botenstoffs Dopamin, etwa nach sechs Monaten stetig abnehmen. Darauf folgend kommt es für unseren Körper zu einer weniger anstrengenden und genügsameren Form der Liebe, welche von beständigerer Dauer ist. Das ist auch gut so, da man sich zu Beginn in eine Art Glücksrausch hingibt, wonach Frauen als auch Männer nicht mehr klar denken können. Dabei wird unser Blick durch eine rosarote Brille getrübt, was nur einige wenige Verliebte in den ersten Monaten auch erkennen können – zu verherrlicht, idealisiert und beschönigt erblickt man sein Gegenüber. Forscher konnten nachweisen, dass beim Anblick der von uns geliebten Person unser Belohnungssystem im Gehirn (*„mesolimbisches System"*) aktiviert wird. Andere Hirnregionen werden hingegen heruntergefahren. Logische Entscheidungen werden damit beiseitegeschoben und irgendwann landen wir auf dem Boden der Realität. Was folgt, ist ein ungetrübter Blick auf den Partner, der wirklich da ist. Ist alle genauso wie gedacht? Passt dieser Partner zu mir?

Langjährige Beziehungen werden dann, im Lauf der Zeit, auf die Probe gestellt. Meinungsverschiedenheiten, Differenzen, Prioritäten, Wertvorstellungen, Alltag, Routine, zu viel oder zu wenige Nähe und so treten erste Schwierigkeiten auf. Das Beziehungsleben verlagert sich auf eine andere Ebene und Vertrautheit wird dann schon mal mit „Hochlagerung der Füße im Beziehungsalltag" verwechselt.

Dies zeigt, dass langjährige Beziehungen harte Arbeit bedeuten können und weniger dem Zufall geschuldet sind – und das muss man wollen. Vergleichbar mit unserem Körper und Wohlbefinden: Wer sich nur von Fast Food ernährt, auf sein Gewicht nicht achtet und sich anderen ungesunden Gewohnheiten frönt, der wird auf lange Sicht dafür einen Preis zu zahlen haben. Ebenso bekommt jemand Probleme, der nicht auf die Gefühle seines Partners achtet. Deshalb haben Paare immer wieder ihr emotionales Beziehungsbarometer abzulesen und an einem für sie angehnemen Klima zu arbeiten. Allerdings gehört dazu ein wenig Glück, so jemanden zu finden, der das dann mit jemand anderem zu Wege bringt und durchzieht. Vielleicht gehört dazu nicht unbedingt Glück, sondern möglicherweise Glaube, Spiritualität, Gott, Karma oder Tao (oder wie immer man es auch nennen will). Dies ist auch ein Stück weit dem geschuldet, da wir mit 25 Jahren eine andere Person, als mit 40 Jahren oder 65 Jahren sind. Jeden treffen Zufall und Zeit und jeder macht unterschiedliche Erfahrungen auf seinem Weg durch das Leben. Da kann es helfen, auf das zurückzublicken, was schon hinter einem liegt. Seien es die gemeinsamen Kinder, gute Freunde, bewältigte Herausforderungen oder finanzielle Sicherheit. Durchgestandene Krisen und alles das, was gemeinsam vollbracht und gemeistert wurde, bringt ein Paar im alltäglichen Leben voran.

Paare verbringen ihr Leben nicht andauernd im *„Wolkenkuckucksheim"* und ziehen dunkle Wolken auf, so ist es entscheidend, auch in diesen Zeiten sich durch die innere Verbindung Rückenwind zu schaffen. Da braucht es als Paar eine Art Gegenpol, welcher sich auf gute Kommunikation, Zeit und sich auf die Bereitschaft stützt, sich einzubringen. Dies bedeutet wiederum Arbeit, und das Tag für Tag, ansonsten droht die Balance zu kippen.

Bei all den erläuterten Gefühlen, Botenstoffen und Emotionen wird in Partnerschaften häufig vergessen, sich selbst innigst zu lieben und zu mögen. Wie könnten wir ansonsten unseren Partner aufrichtig lieben? Da wird der liebende Partner schnell als Schmied des eigenen Glücks angesehen. Einer wohltuenden Zweisamkeit ist dies jedoch abträglich, da das Lebensglück so von einem anderen Menschen abhängig gemacht wird – damit legen wir kein solides Fundament für eine langanhaltende und beständige Beziehung. Liebe, Geben und Menschen zu lieben hat aus freien Stücken zu erfolgen und nicht eingefordert oder erzwungen werden.

Umarmungen, dem anderen die Hand zu halten, also schlichtweg inniger Körperkontakt, sind eines der wichtigsten Dinge, da dadurch Oxytocin, das sogenannte Schmusehormon, freigesetzt wird, welches dafür sorgt, dass Paare eine innige Bindung zueinander aufbauen. Berührungen am ganzen Körper, den anderen in den Arm zu nehmen, das alles sorgt für gegenseitige Nähe. Blickt man auf Studien zur Langlebigkeit von Liebesbeziehungen, so zeigt sich durch die Bank, dass zum einen ähnliche Bedürfnisse nach Nähe und Aufmerksamkeit von wesentlicher Bedeutung sind, zum anderen aber auch entscheidend ist, weiterhin seine eigenen Interessen verfolgen zu können. Gelingt dies, bleiben Paare gemeinhin auch länger zusammen. Und bei langfristigen Beziehungen bleiben kleinere oder größere Zerwürfnisse nicht aus. Solange diese zwischen-menschlichen Auseinandersetzungen auf Augenhöhe und im gegenseitigen Respekt ausgetragen werden, kann das die Partnerschaft schon mal auf eine höhere Ebene hieven. Ist der Blick auf Versöhnung gerichtet und steht man auch in Krisen zueinander, schaffen Paare so die Basis für eine langfristig gelungene Beziehung. Allen glücklichen Paaren liegt dieses wesentliche Element für eine lange Liebe zugrunde: Sich einander beistehen – in guten wie in schlechten Zeiten.

Ich wünsche Ihnen, dass Sie mit diesem Buch Neues erfahren, neue Sichtweisen entwickeln und Gedankenmuster entdecken, welche sich bereits bewährt haben und Ihnen viel Freude bereiten werden. Vor allem aber wünsche ich Ihnen, dass Sie sich die Grundsätze des Glücks, der Liebe und des Wohlbefindens zu Herzen nehmen und die vorliegenden Ratschläge annehmen und auch umsetzen, sodass sich für Sie etwas zum Positiven verändert und dies Ihnen ein erfüllteres Leben ermöglicht. Das Leben steckt voller Überraschungen und meint es gut mit Ihnen. Richten Sie Ihre Gedanken auf möglichst Gutes aus, um so jedes Mal aufs Neue positiv überrascht zu werden. So kann das vorliegende Buch auch Ihnen zu *wahren Wundern* verhelfen.

Die Kunst zu lieben

Jener ist am glücklichsten und ein sorgloser Besitzer seiner selbst, der das Morgen ohne Beunruhigung erwartet.
– Lucius Annaeus Seneca

Die Freuden, die Schönheit und der erlesene Glanz der Verliebten und des Verliebtseins – wer möchte es nicht ständig erleben, spüren, in sich dauerhaft aufnehmen. Es ist ein wahrlich erhebendes Gefühl, aber gleichwohl sollte es nicht zum höchsten Ziel erhoben werden. Verliebtsein ist ein Gefühl, so edel es auch sein mag, welches wie jede andere Gefühlsregung die innewohnende Eigenschaft hat, dass man sich nie darauf verlassen kann, dass es in der vorgefundenen Intensität weiter besteht oder auch gänzlich verblasst. Emotionen und Gefühle sind vorhanden – aber eben nicht von Dauer. *Prinzipien* sind langlebig und von Bestand, genauso wie gewohnte *Lebens-* und *Ausdrucksweisen* (*Gewohnheiten*). Aber der „*Duft*" der Verliebtheit ist zumeist nicht von Dauer. Die beständige Liebe zueinander können Sie hingegen selbst dann noch haben, wenn Sie sich gerade nicht sehr mögen.

Denn Liebe – im Gegensatz zur *Verliebtheit* – ist ein dauerhaftes Gefühl. Die Trennungsgeschichten, Scheidungen und betrübten Gesichter einst liebender Personen zeigen, wie schnell die damalige Liebe entschwinden kann. Die Suche nach etwas Besserem, der neuen Liebe, des neuen Hochgefühls ist da nicht weit. Wir lernen eine kluge, liebevolle, attraktive Person kennen. Wir finden sie sympathisch, nett und Liebesgefühle keimen auf. Aber es sind immer noch wir, die dann entscheiden, ob daraus eine „*Verliebtheit*" entsteht. Auf der Suche und in Erwartung neuer *Hochgefühle* denken wir den neuen *Sinn* zu finden, loslassen zu können. Aber wenn Sie ständig auf der Suche nach diesen neuen Reizen, Anziehungskräften und diesem *Hochgefühl* sind, so werden sie merken, dass die Welt dies nicht zu bieten vermag. Wenn Sie von diesen Gefühlen immer mehr „*erhaschen*" wollen, es unnatürlich hinauszögern und verlängern wollen, dann werden Sie mit der Zeit an die eintönig, uninteressante Welt erinnert werden und ernüchternd in Enttäuschungen verweilen. Denken wir an all die „*verlorenen*" Frauen und Männer in ihrer zweiten Lebenshälfte, welche nicht begreifen, dass sich neue Horizonte lediglich dem Anschein nach auftun und der Glanz einer neuen Liebe ebenso entschwindet, wie der der vorhergehenden. Und all das nur, weil sich die meisten Menschen nicht eingestehen können, dass auch mit der „*richtigen*" Person das Gefühl der *Verliebtheit* mit der Zeit getrübter wird. Aber gerade dann sollten Sie es loslassen und auf ruhigere Verlangen, Interessen und Gewohnheiten stoßen, welche folgen werden – dies wird Ihnen helfen, sich bewusst zu machen, dass Sie dadurch immer noch Reize entdecken werden, welche immerzu neu entflammt werden können.

Die Menschen wählen jedoch zumeist einen anderen Weg. Da gibt es den von *aufgeklärter* Erkenntnis handelnden Zeitgenossen, der hochfliegende Ziele hatte, welcher sich im Lauf seines Lebens jedoch immer mehr *„zurückschraubt"* und sich sagt: *„Bloß nicht mehr zu viel vom Leben verlangen."* Oder aber der Mensch geht den *unaufgeklärten* Weg des mangelnden Verständnisses seines Tuns. Enttäuschungen werden dabei am laufenden Band produziert, da diese Menschen ständig auf der Suche nach dem Neuen sind, welches es erst noch zu erhaschen gilt. Dann, ja dann wird mein Verlangen gestillt werden. Die nächste gute Partnerin oder der nächste gute Partner, wo es so richtig *„prickelt"*. Berufliche und private Dinge müssen genauso gelingen, wie man es sich wünscht. Häufig verbirgt sich hinter deren Fassade jedoch ein gelangweiltes Gesicht, welches voller Frustration nur so strotzt. Hochtrabende Charaktere, wohlhabende Menschen und unfähige Erben gehören diesem Typus nicht selten an. Am besten kommen Sie jedoch Ihrem Verlangen bzw. fehlgeleiteten Verlangen nach, indem Sie sich sagen, dass es für jedes Verlangen eines jeden Menschen keine Befriedigung gibt. Wenn Ihr *„Hunger"* durch keine der weltlichen *Freuden* oder *Dinge* gestillt werden kann, so waren diese erst gar nicht dafür gedacht Ihr Verlangen zu befriedigen. Begreifen Sie es in der Art und Weise, dass dadurch Ihr Verlangen erst geweckt und auf etwas anderes, viel tiefsinnigeres hingewiesen wird – die zuvor erläuterten geistig-seelischen Aspekte des Lebens.

Die meisten Religionen und Glaubensansätze stellen die gesellschaftlichen Strukturen auf den Kopf, wonach die Großen über die Kleinen herrschen. Apostel Paulus drückte das so aus: „*Durch die Liebe diene einer dem anderen.*" Liebe ist mehr als lediglich jemanden attraktiv zu finden. Liebe und sich verlieben ist ein Gefühl, jedoch auch eine Entscheidung. Wenn Sie sich dafür entscheiden, so kostet dies etwas, aber Sie gewinnen dadurch auch unendlich viel. Menschen lieben, was wunderbar und bereits angenehm ist. Sie verachten und lachen jedoch über Unschönes und Hässliches. Wirft man einen Blick auf Propheten, Religionsführer und Herrscher des Altertums so suchten diese nicht die Erfolgreichen, sondern die Gescheiterten und auch nicht die Gerechten, sondern die Sünder. Wahrhaftige Liebe hat mit Opferbereitschaft, Verzicht und Hingabe zu tun. Das soll nicht heißen alles zu tun, was der andere will, sondern vielmehr zu tun, was dem anderen hilft, freut und gut tut. Dies bedeutet jedoch nicht in Knechtschaft und Demütigung zu schlittern – das sind Zeichen zerrütteter Beziehungen. Abhängigkeit und ständige Dienstbarkeit führen zu Wut, Zorn und Ärger und bringen durch Leid geschundene Herzen hervor. Wir alle haben Sehnsüchte, Träume, Wünsche, Emotionen, Gedanken und Gefühle. Kein Mensch verdient es zum Fußabtreter der Nation und von oben herab behandelt zu werden. Wenn Sie es dennoch dulden von anderen ausgenutzt zu werden, tun Sie sich und den anderen nichts Gutes, da durch das Zulassen solcher Manipulationen nicht aus Liebe gehandelt wird und daraus im weitesten *Sinne* auch Verrat entsteht. Durch das Tolerieren dieser unlauteren Handlungen signalisieren Sie zuzulassen, dass aus dem anderen erst ein Unhold wird. Liebe lässt sich jedoch nicht ausnutzen oder in die Irre führen. Deshalb sollten Sie klare Trennlinien ziehen: *„Meine Liebe zu dir ist so wertvoll, sodass ich es nicht dulde, meine Gefühle oder Gedanken zu verletzen. Deine Handlungen schaden sowohl dir als auch mir."* Demnach können Menschen die Welt durch zwei unterschiedliche Brillen betrachten. Die *negative* Brille, welche durch ihre getrübte Linse ununterbrochen darauf aus ist, das Perfekte und Vollkommene zu erhaschen. Dies zieht nach sich immer höhere Empfindungen und Begehrlichkeiten wecken zu wollen. Oder wir schätzen mit einem ungetrübten Blick durch die *positive* Brille erstrebenswert, was bereits vorhanden ist. Ersteres führt zur Vereinsamung, Sucht und unkontrollierten Verhaltensweisen, zweiteres hingegen lehrt im *„Jetzt"* zu leben und dankbar für das zu sein, was uns bereits gegeben wurde.

Männer suchen häufig aus einer Vielzahl von Frauen, die eine einzigartige Frau. Dabei entgeht ihnen in der einen Frau die Vielzahl der Frauen zu finden. Frauen sind hingegen dafür prädestiniert gefördert, umworben und in ihrer ganzen Identität betrachtet zu werden. Sie wollen sich dabei auch so fühlen, dass sie wissen geliebt zu werden. Wahrhaftige Liebe ist demzufolge nicht an Bedingungen geknüpft. Denken wir an eine selbstlos, sich aufopfernde Mutter für ihr Baby. Ohne Liebe würde das Baby sterben. Aber auch wir erwachsene Menschen brauchen Liebe. Das hört sich einfacher an als es ist. Denn wenn dies nicht vom festen Willen getragen ist, auch in schwierigen Zeiten selbstlose Liebe zu leben, wird es in der Praxis kaum möglich sein eine Person wahrlich und durch und durch zu lieben. Liebe heißt dabei auch zu schenken, helfen, nette Worte, Körperkontakt und gemeinsam Zeit zu verbringen. Das muss alles nicht teuer sein, oft reicht schon für ein kleines Geschenk ein altes, weggeworfenes Stück Papier hervorzuholen und Liebesgrüße darauf niederzuschreiben.

Sie sehen, es braucht nicht viel für zwischenmenschliche Aufmerksamkeiten, welche die Liebe füreinander ausdrücken können. Eine Beziehung zwischen zwei Menschen, welche hingegen von sexueller Anziehung getrieben wird, kann nur von Dauer sein, wenn diese nicht lediglich auf physischer Anziehung beruht, sondern aus Vertrauen und Einfühlsamkeit erwächst und auf gediegenen Respekt füreinander fußt. Unterscheiden wir deshalb zwischen der reinsten Form der Liebe und Anhaften. Anhaften stellt nicht das Selbstlose in den Mittelpunkt, zielt jedoch auf die Umstände und Ereignisse ab, mit welchen sich Gefühle ändern können. Die reinste Form der Liebe erhofft sich hingegen keine Gegenleistung und Umstände spielen nur insofern eine Rolle, als die Liebe dadurch nur noch weiter wachsen kann. Versuchungen werden immer wieder zutage treten und wir stellen uns vor, wie es wohl wäre ganz neu anzufangen. Doch die Wahrscheinlichkeit ist groß, dieselben Probleme weiterhin zu haben, da wir uns selbst mitnehmen und so auch all unsere Probleme. Wir werden niemals jemanden finden, der uns perfekt lieben wird. Das bedeutet auch zu verstehen, dass der andere uns niemals vollkommen erkennen und begreifen kann und wir unweigerlich verletzt werden. Das hat nichts damit zu tun, sich benutzten zu lassen. Liebe in seiner reinsten Form zeigt sich so, dass Partner ihrer „*besseren Hälfte*" erst gar nicht mehr danken können, da er bzw. sie schwer erkrankt und auf Pflege angewiesen ist – sie/ er jedoch trotzdem für ihn/ sie da ist. Selbstlose Liebe bedeutet zu lieben, auch wenn man nichts dafür bekommt. Dennoch bleiben wir von gescheiterten Beziehungen, Unmut und Unheil nicht verschont. Wenn Sie von einem für Sie bedrückenden Erlebnis getroffen werden, so sagen Sie sich, dass Ihre Sorgen und Ihre innere Zerrissenheit nur zusätzliches Leid und Unruhe darstellen, welches erst gar nicht nötig wäre. Versuchen Sie sich positiveren Dingen zu widmen, welche Ihnen Spaß und Freude bereiten und vor allem: Sprechen Sie mit jemanden über vorgefallene Ereignisse und haben Sie keine Scheu davor etwas zu erzählen. Sagen Sie sich von diesen Erlebnissen los und seien Sie sich darüber bewusst, dass diese der Vergangenheit angehören. Menschen die anderen Unheil zufügen, werden von Unkenntnis, Begierde, Gier, Groll und Hass getrieben und haben keinerlei Herrschaft über Ihre geistig-seelische Verfassung. Dennoch bedeutet das nicht, dass nicht auch ein Verbrecher Kontrolle über sich selbst erringt und negativen Gefühlen abschwört. Deshalb ist es auch nicht angebracht über jemanden ein letztendliches Urteil zu fällen, denn jeder kann immer noch ein guter Mensch werden. Würden die aufgezählten negativen charakterlichen Eigenschaften überhand über uns gewinnen, wären wir alle zu Dingen fähig, die abscheuliche Taten miteinschließen. Dessen ungeachtet sitzen die Ursachen des eigenen Leids und Unglücks nicht in anderen Menschen und ebenso nicht in äußeren Umständen, sondern vielmehr in den eigenen Urteilen und Meinungen. Halten Sie gescheiterte Beziehungen und Liebe und das was Ihnen widerfährt nicht für ein Unheil und Sie werden sehen, dass es sich so unbeschwerter lebt. Bedenken Sie, dass sich alles ständig bewegt und im Fluss ist – Empfindungen wie „*schön*", „*schwierig*" und „*unangenehm*" sind sinnliche Wahrnehmungen und körperliche Gefühle unseres Geistes. Wenn Sie nur die „*Quellen*" kennen würden, aus welchen die menschlichen Interessen, Urteile, Emotionen, Wünsche und Entscheidungen entspringen, so würden Sie sich nicht länger um Lob, Ruhm, Anerkennung, Ansehen, Genugtuung und Applaus bemühen.

Erfüllte Liebe finden

Die Liebe ist eine kleine Droge, die hilft, durch dieses Leben zu reisen.

– Marcello Mastroianni

Viele Menschen wollen zwar heiraten und es gibt erhebliche Hinweise darauf, dass die Ehe für Frau und Mann eine Vielzahl von Vorteilen hat, aber allzu oft wird die Freude, die mit der Hochzeitsfeier einhergeht, mürrisch und fast die Hälfte der Paare, die in hoffnungsvoller Aufregung vor dem Altar stehen, beginnen nach dem Trauma der Scheidung von vorne. Experten sind sich uneins darüber, was eine Ehe so lange andauern lässt, bis *„der Tod uns scheidet"*, während eine andere sich in Luft auflöst. Es gibt eine Reihe von Theorien, aber es fehlen klare forschungsbasierte Evidenzen. In der Tat enthüllt die hohe Scheidungsrate selbst, wie wenig gute Anleitungen es für einen gelungenen Ausgang gibt. Dennoch zeigen Forschungsergebnisse eine Tendenz, dass Ehen, die in Bezug auf Alter, wirtschaftlichen Hintergrund und Religion homogene Charakteristika aufweisen, auch am stabilsten und glücklichsten sind. Es wurde ebenso festgestellt, dass das Teilen von Grundwerten die Stabilität und das Glück der Ehe fördert. Das bedeutet, dass sich die Experten im wissenschaftlichen Konsens darüber befinden, wenn sie Sie auffordern, einen Partner zu suchen, der Ihnen in wichtigen Punkten des Lebens ähnlich ist.

Nach Dingen in Ihrem sozialen Umfeld zu suchen, für die sie dankbar sein können und eine Kultur geprägt von Respekt und Wertschätzung ist hierbei nicht abkömmlich. Dagegen erweist sich die Suche nach Fehlern und Lastern des Partners in der jeweiligen sozialen Umgebung als nachteilig. Geringschätzung ist einer der wichtigsten Trennungsgründe. Menschen, die darauf fokussiert sind ihren Partner zu kritisieren, übersehen die Mehrheit der positiven Dinge, die ihr Partner tut und nehmen negative Eigenschaften wahr, selbst wenn diese erst gar nicht da sind. Güte hingegen schweißt Paare zusammen. Forscher haben bewiesen, dass Güte und emotionale Ausgeglichenheit die wichtigsten Gründe für Zufriedenheit und Stabilität in einer Ehe sind. Durch Güte fühlt sich jeder Partner verstanden, umsorgt und wertgeschätzt – sprich geliebt. Es zeigt sich auch, dass jene Paare nach vielen Jahren der Zusammengehörigkeit immer noch gemeinsam glücklich sind, welche sich miteinander verbunden und entspannt fühlen. Aber auch wenn es zum Streit dieser Paare kommt, gehen sie liebevoll und freundlich miteinander um. Wer eine lange, gesunde Liebesbeziehung führen möchte, muss sich frühzeitig in Güte üben. Mit Güte werden oft kleine Aufmerksamkeiten verbunden, kleine Geschenke, Überraschungen oder spontane Streicheleinheiten und Massagen. Ein letzter Hinweis aus der wissenschaftlichen Community: Wir haben gesehen, dass anzunehmen ist, damit eine Ehe ohne Ähnlichkeiten zwischen den Partnern wahrscheinlich nicht von Dauer ist. Aber wie wäre es mit einem Vertrauensvorsprung unter der Annahme, dass Sie Ihren

Partner nach Ihrer Heirat ändern können? Die Experten sind sich dieses Szenarios so klar wie nur irgendwo möglich: Vergessen Sie das. Ihnen zufolge ist das Eingehen einer Ehe mit dem Ziel den Partner zu verbessern oder zu verändern ein *Kasperltheater*, das die Ehe zum Scheitern verurteilt, bevor sie noch begonnen hat.

Dennoch kann es trotz aller zwischenmenschlicher Differenzen manchmal sinnvoll sein, dass zwei Menschen zusammenbleiben, auch wenn intensive Liebesgefühle bereits verflogen sind. Kindern kann es dadurch erst ermöglicht werden, ein Zuhause zu haben und um die Frau, welche durch Kinder häufig berufliche Kompromisse und Einbußen hinnimmt, davor zu bewahren, von ihrem Partner zu sehr abhängig zu sein. Meine pädagogische Tätigkeit führte mir ebenso wiederholt vor Augen, dass es vor allem Scheidungs-, Waisen- und Integrationskinder waren, deren Entwicklung sich verzögerte, die viel Aufmerksamkeit benötigten und mit Lernschwierigkeiten zu kämpfen hatten. Wenn wir in unserer näheren Umgebung bereit sind Gefühle zu zeigen, zu lernen und zuzuhören, dann bereichert das ganz allgemein unsere familiären und gesellschaftlichen Beziehungen. Frauen sollen nicht verurteilt werden, aus welchen Gründen auch immer, Kinder in eine frühkindliche Betreuung abzugeben. Dennoch ist die frühe emotionale Präsenz der leiblichen Mutter von unfassbar großem Wert für das Kind und durch nichts zu ersetzen.

Mit sich selbst liebe-, verständnis- und respektvoll umzugehen, sich gut zu sprechen und auf sich bauen, sich

Fehler verzeihen und sich vor schwierigen Aufgaben Mut machen. Die meisten Menschen vergessen das: Um sich selbst zu kümmern und sich selbst innig zu lieben! Aber anstatt dessen bekritteln wir andere, die uns erst gar nicht nahestehen. Manche Menschen sind mit *Moralaposteln* gleichzusetzen, weil sie ständig Mitmenschen beurteilen und kritisieren. Ihr Verhalten und Ihre Einstellung gegenüber anderen sollten Sie jedoch nicht Ihren Mitmenschen angleichen, sondern Sie sollten sich selbst darin bestärken Ihren eigenen Weg zu gehen. Der eine Zeitgenosse hat diese Ansichten und glaubt mit dieser Handlung am besten zu fahren, aber Sie sehen das anders und machen es eben anders. Jeder ist individuell und hat seine eigene Gangart, wie er Dinge in Angriff nimmt. Dabei ist es als völlig normal zu erachten, dass im Leben immer wieder Schönes, weniger Schönes sowie Unangenehmes passiert. Dazu die folgende kleine Anekdote:

Es war einmal ein alter Mann, der jeden Morgen einen Spaziergang am Meeresstrand machte. Eines Tages sah er einen Jungen, der vorsichtig etwas aufhob und ins Meer warf. Er rief: *„Guten Morgen, was machst du da?"* Der Junge richtete sich auf und antwortete: *„Ich werfe Seesterne ins Meer zurück. Es ist Ebbe und die Sonne brennt herunter, wenn ich das nicht tue, sterben sie."* *„Aber, junger Mann, ist dir eigentlich klar, dass hier Kilometer um Kilometer Strand ist. Und überall liegen Seesterne. Die kannst du unmöglich alle retten, das macht doch keinen Sinn."* Der Junge hörte höflich zu, bückte sich, nahm einen anderen Seestern auf und warf ihn ins Meer, lächelte und sagte: *"Aber für diesen macht es Sinn."*

Sicherlich ist es nicht schön, nicht alle retten zu können, aber es kann einem schon helfen, ein paar Seesterne oder andere Kleinigkeiten zu retten. Das Leben ist ähnlich wie ein Strand, wo schöne Dinge ans Meer gespült werden, wo es tolle und perfekte Momente gibt, aber es werden auch weniger schöne Dinge und viel Abfall angespült.
Die zwischenmenschliche Liebe kommt nicht aus dem Nichts, wir bauen diese vielmehr auf. Die Liebe kann dabei zu einem Teil aus körperlicher Anziehung erwachsen, jedoch ist die wahre Liebe niemals nur auf körperliche Aspekte bezogen. Es geht um mehr, wie den Menschen zu verstehen, zu kennen und ehrlich und respektvoll miteinander umzugehen – sprich aufrichtig an seinem Wohlergehen interessiert zu sein. In einer Liebesbeziehung entscheiden sich zumeist zwei Menschen füreinander, die vom *"Haben wollen"* und nicht vom *"Geben wollen"* getrieben sind. Wie zwei Knausrige, die sich gegenseitig in die Tasche greifen und erst später merken, dass dies nicht dazu führt, von dem mehr zu bekommen, was sie tatsächlich wollen. Man hört dann immer wieder, das Leben und zwischenmenschliche Beziehungen seien ein *Geben* und *Nehmen*. Von Menschen, die innerlich zufrieden und glücklich sind, entnehmen wir kaum solche Dinge. Diese Geben und Teilen vielmehr und das gerne, da sie empfangen, indem sie sich dem anderen gänzlich hingeben. Aber anstatt dessen liefern wir uns der Hoffnung aus, den anderen zu

lieben, jedoch meinen wir damit vielmehr, wir brauchen diese Person. Diese Menschen geben nicht und werden dann nie satt (auch wenn sie das denken) – wie zwei hungrige *Mäuler*, die sich ansehen und denken: *„Warum ist da nichts drinnen."* Daraus resultieren Zorn, Wut, Groll und als letzte Konsequenz die Trennung. Einige Menschen entscheiden sich deshalb bewusst gegen die Liebe, weil sie den tiefen Schmerz fürchten, welcher Verlust und Trennung mit sich bringt. Ebenfalls hält Menschen von Beziehungen häufig ab, dass sie denken, sie seien nicht gut genug. Man lernt jemanden kennen, den man sympathisch, attraktiv oder liebevoll findet und schon denkt man: *„Bin ich überhaupt gut genug"* oder *„da kann ich sowieso nicht mit."* Mangelndes Selbstvertrauen ist dafür meist verantwortlich und führt dazu, überzeugt davon zu sein, damit das mit uns ohnehin nichts wird, wir die jeweilige Person nicht ansprechen oder wir uns gar gänzlich von ihr fernhalten. Aber selbst wenn uns diese Person anspricht, so würde das zu Verwirrung führen (*„was will denn der/ die von mir, ich würde den/ die sowieso nie bekommen"*). Die damit einhergehenden negativen Gedankengänge bewirken lediglich, dass die von uns begehrte Person irgendwann das Interesse an uns verliert. Wir müssen jedoch daran glauben, dass wir gut genug sind und den anderen Menschen die Chance geben uns kennenzulernen. Manche Menschen denken auch, dass sie nichts Gutes verdient hätten oder nichts zu bieten haben. So ist häufig von Menschen zu vernehmen, welchen es an erfüllten Beziehungen mangelt: *„Ich bin nicht attraktiv genug."* Es geht in Beziehungen jedoch nicht darum der tollste, schönste, aufregendste oder intelligenteste Typ zu sein, sondern jemanden zu finden, der zu Ihnen passt. Egal wie Sie sind, Sie sind für einen Menschen da draußen garantiert der perfekte Partner. Wir liegen mit unseren Vorstellungen sehr oft daneben, was ebenso darin begründet liegt, dass Attraktivität etwas sehr subjektives ist. Das was wir in unseren Köpfen haben, trifft manchmal jedoch überhaupt nicht zu. Verliebtheit und guter Sex sind längst keine Liebe, da sie nur im Zeitraum der *„rosaroten Wolken"* präsent sind. Liebe kommt erst dann ins Spiel, wenn sich diese Wolken verziehen und Gewitter langsam aber doch zum Vorschein gelangen. Das vergessen die meisten zu Beginn der Beziehung und auch, dass es kein *„Aufreißen"* oder *„lesen sie diesen Flirt-Ratgeber und alles wird gut"* gibt. Jemand, der kein Interesse an jemand anderem hat oder sich nicht zu jemand anderem hingezogen fühlt, den kann man mit keinem Gerede der Welt oder irgendwelchen Verhaltensweisen dazu bringen, einen doch interessant zu finden. Es gibt nur ein *„Abtasten"*, wonach mehr oder weniger Interesse bekundet wird.

Spricht man mit den Menschen, wie ein Partner sein soll, so hört man vor allem er sollte über Intelligenz, Charme und Humor verfügen. Aber auch liebevoll, aufmerksam, interessiert nachfragend und verständnisvoll sollte er sein – das Gesamtverhalten ist, was zählt. Manchen Menschen sind dabei Dinge wie soziale Intelligenz wichtig, und dann und wann vernimmt man auch (zumeist von Frauen), dass der Duft des Partners für sie wesentlich ist. Für Menschen ist ebenso eine innere Kraft wichtig, die spüren lässt, eine positive Haltung zum Leben zu haben, sehr viel Durchsetzungsfähigkeit und Rückgrat und gleichzeitig Ruhe und Bodenständigkeit. Und: Eine Prise „*Kamikaze-Gen*" schadet zumeist nie. All das ist natürlich sehr selten in dieser Kombination zu finden. Sich dann zu verlieben, passiert am ehesten, wenn man unbeschwert und lebensfroh rüberkommt. Im realen Leben ist es auch oft so, dass man entweder an denjenigen schon Interesse hat und dann reichen bereits kleine, jedoch deutliche Signale. Aber kein gewollt weibliches oder männliches Verhalten wird plötzlich die Gefühle eines Menschen umstimmen. Wenn Sie einen romantischen Vorstoß machen und Ihr Schwarm ausweicht, wissen Sie immerhin Bescheid. Dann kann man sich auch nicht vorwerfen, es nicht versucht zu haben. Wenn Sie Liebe erfahren möchten, so müssen Sie die Bereitschaft mitbringen, bedingungslos zu lieben, ohne eine Gegenleistung einzufordern. Ein Geschenk ist kein Geschenk, wenn daran Bedingungen geknüpft sind, so wie Liebe keine Liebe ist, wird sie nicht freiwillig gegeben. Wollen Sie die wahre Liebe finden, sollten Sie immer auch nach einem wahren Freund suchen. Wenn wir uns nach einer Liebe sehnen, welche das ganze Leben lang andauern soll, müssen wir nicht nur nach einem äußeren Erscheinungsbild Ausschau halten, sondern dahinter blicken und auf die freundschaftliche Ebene achten. Der französische Philosoph *Michel de Montaigne* meinte dazu: „*Von der Freundschaft hingegen, von der ich spreche, verschmelzen zwei Seelen und gehen derart ineinander auf, dass sie die Naht nicht mehr finden, die sie einte."* Das knüpfen von Freundschaften kann sich als vorteilhaft erweisen, jedoch birgt es auch Tücken in sich. Menschen hängen jahrelang an Frauen/ Männern, in die sie sehr verliebt sind, die in ihnen aber immer nur ihren besten Freund sehen. Viel Leid für sie und das meist über einen sehr langen Zeitraum – und (natürlich) kein „*Happy End*". Man kann nicht Freundschaft und Liebesbeziehung haben (jedoch Freundschaft als Grundlage für eine Liebesbeziehung). Wenn Sie die Freundschaft nicht riskieren wollen, gibt es keine Liebesbeziehung. Die schlechteste Vorgehensweise ist sich in die „*Warteschleife*" zu begeben. Freundschaft in der Hoffnung zu pflegen, dass sich irgendwann Gefühle in der anderen Person regen bzw. ändern – irgendwann. Die Chancen dafür sind sehr minimal bis null. In der sogenannten „*Freundes-Zone*" findet man sich so lange, wie man als Frau/ Mann dem anderen „*anti-körperlich*" eingestellt ist. Soll heißen: Nach häufigen Treffen, längeren Umarmungen und einigen Aktivitäten usw. kann und sollte sich schon mehr entwickeln. Es hat jedoch alles keinen Zweck und *Sinn*, wenn jemand nicht liebt. An vielen Problemen kann man arbeiten – aber daran nicht. Es mag einem anfänglich leidtun, aber besser als wenn man noch mehr Zeit gemeinsam verbracht hätte, denn das würde dann noch mehr verletzen. Meist sieht der zweifelnde Partner ohnehin, dass der andere ein toller Partner ist und es gibt nichts Offensichtliches zu bemängeln – dennoch stimmt das Gefühl nicht. Daher lässt sich daran auch nicht arbeiten. Trennungen werden dann auch schon mal künstlich hinausgezögert, weil es keinen Auslöser oder einschneidenden Anlass gibt. Was nützt eine Beziehung, in der letztendlich nicht beide Partner glücklich sind? Die Beziehung würde schnell zerbrechen. Danach wären beide Seiten umso trauriger. Wenn Ihr Partner weiterhin nicht weiß, was er will, würde ich nicht allzu sehr um ihn kämpfen. Nur um in seiner Nähe zu sein, ist es zumeist nicht klug, mit ihm länger befreundet zu sein. Auf die Dauer bedrückt dies lediglich die Seele und betrübt den Geist. Falls Ihr Partner mehr für Sie empfindet, wird er sich melden – andernfalls hat man sein Leiden dann zumindest beendet. Wenn man sich zu lange an jemanden klammert, der einen lediglich als Option behält, verpasst man den Menschen, der einen als Priorität behandelt.

Unterschiedliche Menschen finden verschiedene Dinge attraktiv und anziehend. Ausstrahlung, Charakter, Humor, Persönlichkeit – all diese Faktoren zählen und machen einen Menschen auch aus. Aussehen kann Türen öffnen, aber es macht in keinster Weise glücklich, jemanden nur wegen seines äußeren Erscheinungsbilds zu wollen. Denken wir an Paare die auf den ersten Blick erst gar nicht zusammenpassen, aber dennoch sehr glücklich sind (große/ kleine, dicke/ dünne, knochige/ kurvige, schmallippige/ schmollmundige, weiße/ farbige). Oder denken wir an *Nick Vujicic*, der ohne Arme und Beine geboren wurde. Was ist das Besondere an diesem Mann, der trotz seiner Behinderung so toll mit seinem Leben zurechtkommt? Es ist seine Ausstrahlung und sein unendlich erscheinender Optimismus – trotz seiner Handicaps. Er arbeitet als christlicher Prediger, gibt ebenso Vorträge und publiziert Bücher über Lebenshilfe und Motivation. Wenn man *Nick Vujicic* reden hört, vergisst man sein Aussehen und seine Behinderung. Das zeigt, dass die Liebe eine *„verzwickte"* Angelegenheit sein kann. Manche Paare streiten viel, dennoch werden sie sich immer lieben, auf ewig, auch wenn es nicht *„funktioniert"*. Deshalb wird es immer romantisch sein. Weil es eben nie ganz und gar vollkommen sein kann. Es ist wie mit einer fehlenden Zutat, wie eine Tönung, die eine Farbe auf der *„Leinwand"* des Lebens erst wahrlich schön werden lässt – dennoch ist die Liebe da, wenn auch nicht perfekt. Um Liebe zu spüren, zu leben und sie zu bekommen, müssen wir deshalb unsere Sorgen und Ängste loslassen und Gefühlen ihren Freiraum lassen, den sie brauchen.

Wir leben heute in einer Welt voller Schnelligkeit und Ungeduld, was sich nicht zuletzt in seelisch-geistigen Auswirkungen niederschlägt. Man sieht, erfährt, erlebt und leistet mehr, dennoch haben wir das Gefühl ausgebrannt zu sein und weniger zu sehen, zu erfahren und zu leisten. Überzeugungen, Modetrends, Wohnsitze und Beziehungen – alles nicht mehr so langlebig wie es einmal war. Partner als auch Freunde wechseln schneller als so manch einem lieb ist und zwischenmenschliche Beziehungen werden im Handumdrehen bei Problemen, Streit und anderen Hindernissen beendet – anstatt füreinander Verständnis aufzubringen. Dies alles geht auf Kosten der Zweisamkeit, Geborgenheit und Gelassenheit. Tiefgehende Freundschaften und Liebesbeziehungen verkommen so zu leeren Floskeln, welche nicht zuletzt dieser Beschleunigung – *„Fast Food"*, *„Speed Dating"*,

„Life Style", *„Multi Tasking"* – zum Opfer fallen. Menschen und zwischenmenschliche Beziehungen brechen an dieser Beschleunigung, da die Quantität stets vor die Qualität gestellt wird. Unzufriedenheit, innere Spannung, Hektik – all das ist das Resultat des *„Wie viels"* (*Quantität*). Gerade das gilt es jedoch hinter sich zu lassen und sich stattdessen mehr dem *Wie* (*Qualität*) zu widmen, um so zu neuen Einsichten zu gelangen, ein tiefempfundenes Leben zu spüren und mehr Liebe, Glück und Wohlbefinden zu erfahren.

Ewige Liebe oder doch nur leere Floskeln

Bedenke, dass die menschlichen Verhältnisse insgesamt unbeständig sind, dann wirst Du im Glück nicht zu fröhlich und im Unglück nicht zu traurig sein.

– Sokrates

Angesichts hoher Scheidungsraten scheint die Ehe der Triumph des Glaubens über die Vernunft zu sein. Hinzu kommt, dass technologische Neuerungen (beispielsweise *Online-Dating*) den Anschein erwecken, das Kennenlernen von Menschen einfacher zu machen, tatsächlich aber einer langfristigen Beziehung nicht immer dienlich sind. Die Gezwungenheit, Oberflächlichkeiten, unromantische Verhaltensweisen und das nicht in Kontakt mit seinen Gefühlen zu sein, erschweren die Online-Partnersuche noch mehr, als so mancher denkt. Zumeist mangelt es an Tiefgang und Äußerlichkeiten wird der Vorrang eingeräumt. Das Bewusstsein darüber kann schon helfen, diese neuen Technologien bei der Partnersuche sinnvoller zu nutzen, da sich immer wieder auch zeigt, dass für eine glückliche Ehe und Beziehung die emotionale Bindung entscheidend ist und nicht die körperliche Anziehung. Niemand möchte auf sein Aussehen reduziert oder aufgrund seiner Herkunft oder Hautfarbe geliebt werden. Menschen schlagen dennoch gerade an diesen Abzweigungen andere Wege ein. Sehen Sie sich die Statistiken an: An die 55 Prozent der Ehen enden mit einer Scheidung (die Scheidungsrate bei ersten Ehen liegt etwas unter 50 Prozent; mit jeder nachfolgenden Ehe steigt die Scheidungsrate, daher die Gesamtzahl von über 50 Prozent). Nehmen wir an, dass weitere 7 Prozent der Paare um des Kindes willen zusammenbleiben (der Prozentsatz dürfte erheblich höher sein, aber verbleiben wir bei 7 Prozent). Gehen wir davon aus, dass weitere 2 Prozent aufgrund religiöser Gründe ihr gemeinsames Dasein fristen. Weitere 5 Prozent bleiben zusammen, da eine rein körperliche Anziehungskraft vorhanden ist oder eine Scheidung aufgrund mangelnder finanzieller Alternativen nicht möglich ist.

Das sind folglich 69 Prozent der Ehen, die entweder aufgrund von Unglück enden oder unglücklich weitergehen – also mehr als 2 von 3 Ehen, welche betroffen sind. Wenn Ihnen jemand sagen würde, dass es beim Überqueren der Straße eine Zwei-in-Drei-Chance gibt, dass Sie von einem Auto überfahren werden, würden Sie jemals das Haus verlassen? Würden Sie weitere Sicherheitsvorkehrungen treffen oder eine andere Route suchen? Angesichts der Tatsache, dass eine Scheidung den beiden Parteien und ihren Kindern fast immer großen Schaden zufügt, könnte man vernünftigerweise argumentieren, dass Heiraten ziemlich fahrlässig ist. Automobilkonzerne riefen in den vergangenen Jahren Fahrzeuge zurück, aufgrund von Ausfallraten, welche weniger als 0,005 Prozent betrugen. Die Rückrufaktionen betreffen zumeist hunderttausende von Autos, aber auch andere Produkte, und bei kleinsten Auffälligkeiten werden diese als unsicher eingestuft. Bei der Ehe handelt es sich also um eine Institution, die in etwa 2 von 3 Fällen scheitert und weiterhin ihr Dasein fristet. Ein weitverbreitetes Unterfangen und eine Branche mit einem jährlichen Umsatz von mehreren Milliarden Euro, unabhängig von den massiven finanziellen und emotionalen Kosten des Scheiterns. Bei der Entscheidung sich dauerhaft zu binden, wird dies häufig nicht berücksichtigt. Das Risiko einer *„Fehlinvestition"* (von Lebenszeit, Gefühlen u.Ä.) ist folglich verhältnismäßig groß.

Ehestreitigkeiten, welche schließlich in einer Scheidung enden, mangelt es zumeist an Bemühungen der beiden betroffenen Partner, Spannungen und Auseinandersetzungen abzubauen. Paare, die sich scheiden lassen und gesunde Ehen unterscheidet, dass die einen den Weg der Vernunft gehen und erlittene Verletzungen zu heilen wissen und die anderen den Weg der Auseinandersetzung beschreiten. Mangelnde Kenntnis folgender 2 Punkte sind dafür verantwortlich: *(I)* Bei Ehestreitigkeiten muss man am Ball, aber auch bei der Sache bleiben, *(II)* man muss dem anderen Partner Verständnis entgegenbringen, was gleichzeitig auch hilft Spannung abzubauen. Diese beiden Punkte beugen überhitzten Diskussionen zwischen Partnern vor und helfen beim eigentlichen Thema zu bleiben, ohne Gesichtsverluste auf Seiten einer Partei herbeizuführen.

Ist Glück in einer engagierten, langfristigen, nicht platonischen Beziehung möglich? Nun, lassen Sie mich zuerst sagen, dass Sie Single bleiben können, wenn Sie so glücklich sind. Und selbst wenn Sie damit nicht glücklich sind, bleibt Ihnen auch nichts anderes übrig, wenn die Liebe einfach nicht in Ihr Leben kommt. Das hat auch ein klein wenig mit Glück zu tun – wobei man seinem Glück auch nachhelfen kann. Man kann ein wunderbarer Mensch sein und gekonnt und überdurchschnittlich gut beim anderen Geschlecht ankommen, doch der „*Funke*" springt bei einem über und bei dem anderen nicht. Es zeigt sich, dass *Liebe* nicht jedem passiert und dass das nicht zwingend an einem selbst liegen muss. Sicherlich haben schwierige Menschen oder Problemcharaktere gehäuft zu kämpfen. Bei einigen „*Juwelen*" liegt es jedoch an einer unglücklichen Fügung des Schicksals. So kenne ich eine tolle Frau (angenehmes Wesen, gute Arbeitsstelle, gesichertes Einkommen, gute Ausbildung, großer Bekanntenkreis, sensibel, wunderbarer Humor, Lebensfreude, sportlich, interessante Hobbys, immer für ihre Eltern da, reise- und abenteuerlustig), bei der es mit der Liebe einfach nicht klappen möchte.

Hat man aber sein „*Glück*" gefunden, so ist die zuvor gestellte Frage mit *Ja* zu beantworten, dass Glück in einer engagierten, langfristigen, nicht platonischen Beziehung definitiv möglich ist. Ich möchte keineswegs, dass Sie glauben, dass die Ehe als Institution von Anfang an zum Scheitern verurteilt ist. Vielmehr sollen Ihnen die angeführten Schilderungen zeigen, dass Verliebtheit und Liebe nur ein vorübergehendes Gefühl sind und dieses Gefühl mit der Zeit und der Stimmung verblassen wird. Wenn Ihr sogenannter geliebter Mensch Sie verlässt, seien Sie geduldig, die Zeit wird Ihre *Schmerzen* und Ihre *Traurigkeit* reinigen. Übertreiben Sie nicht die *Schönheit* und die *Anmut* der *Liebe* und übertreiben Sie nicht die *Traurigkeit*, die *Liebe* zu verlieren.

Glaube und Spiritualität

Lasse nie zu, dass du jemandem begegnest, der nicht nach der Begegnung mit dir glücklicher ist.

– *Mutter Teresa*

Aufgrund meiner Tätigkeiten im sozialen Bereich begegnete ich immer wieder Menschen, welche mit schweren Schicksalsschlägen zu kämpfen hatten. Krankheiten, Behinderungen, alle möglichen täglichen Einschränkungen mit denen sie zu kämpfen hatten und die unmittelbare Konfrontation mit dem Sterben. Häufig fragte ich all diese Menschen, wie sie damit umgehen und besser zurechtkommen? Wie schaffen sie es dabei locker, heiter und fröhlich zu sein? Zumeist war die Antwort, dass sie in etwas Glauben finden oder auch zum Glauben (erst) dadurch gekommen sind. Menschen, die dem Tod sehr nahe waren, verspürten vor allem den Drang an etwas zu glauben – auch wenn sie zuvor kaum oder nur wenig damit in Berührung kamen. Es ist nicht zu leugnen, dass diese Menschen manchmal auch Zweifel hegten und auch mit dem Glauben an etwas Höherem und dessen Existenz in Zwiespalt standen. Hier kann Ihnen der französische Mathematiker und Physiker *Blaise Pascal* Hilfestellung bieten. Er kommt nach rationalen Überlegungen zu vier möglichen Ergebnissen, wenn es gilt an eine höhere Macht zu glauben oder davon abzukehren:

- Man glaubt nicht an eine höhere Macht bzw. Gott und diese/ dieser existiert nicht. Stimmt diese Option, dann gewinnt man nichts – man verliert jedoch auch nichts.
- Man glaubt nicht an eine höhere Macht bzw. Gott und diese/ dieser existiert. Stimmt diese Option, dann verliert man.
- Man glaubt an eine höhere Macht bzw. Gott und diese/ dieser existiert nicht. Stimmt diese Option, dann gewinnt man nichts – man verliert jedoch auch nichts.
- Man glaubt an eine höhere Macht bzw. Gott und diese/ dieser existiert. Stimmt diese Option, dann gewinnt man.

Eine kurze Analyse dieser vier Optionen macht deutlich, dass es förderlich sein kann einen Glauben zu haben.

Issac Newton, einer der bedeutendsten Wissenschaftler aller Zeiten und Zeitgenosse von *Pascal*, teilte die Auffassung von *Blaise Pascal,* dass man bei halbem Nachdenken an keine höhere Macht bzw. Gott glaubt, zieht man jedoch alle Optionen in Erwägung, so sollte man an etwas wie eine höhere Macht bzw. Gott glauben. Nach Rück- und Schicksalsschlägen haben Menschen zumeist keine Antworten auf brennende Fragen parat. So war ein mir befreundeter Kollege nach einem einschneidenden gesundheitlichen Ereignis nicht einmal mehr in der Lage, sich eigenhändig bei seinen Pflegern, Ärzten, Mitmenschen und wirklichen Freunden zu bedanken. Er schafft es bis heute nicht einen Stift zu halten, ein Schreibgerät zu bedienen oder mit einem Stift ein paar Sätze zu Papier zu bringen. Ich fragte ihn, wie er dies verarbeitete und warum er trotzdem so gut damit umgehen kann. Seine Antwort war schlicht: *„Mein Glaube und Beten sind meine wenigen und gleichzeitig wichtigsten Stützen."* Glück kann im Leben eines Menschen eine herausragende Rolle spielen. Blickt man auf unser gesellschaftliches Zusammenleben, so haben Künstler, Unternehmer, Politiker und viele andere Glück. Ein scharfer Verstand, Fleiß, harte Arbeit, Ausdauer und Organisationstalent sind von Vorteil, aber ein Körnchen Glück kann über den Ausgang Ihrer Vorhaben entscheiden. Menschen in verschiedensten Erdteilen nennen dies nicht unbedingt Glück, sondern vielleicht Glaube, Spiritualität, Gott, Karma oder Tao. Bislang ist es noch niemandem gelungen, dieses Karma oder Tao (oder wie immer man es auch nennen will) vollumfänglich zu definieren. Sie können diese höhere Macht für sich selbst festlegen. Halten Sie sich daran fest – nämlich im Glauben an sich und auch im Vertrauen in eine höhere Macht.

Die abendländische Auffassung der *Liebe* wird von der Dreiteilung der antiken Terminologie abgeleitet. In der Antike wurden drei unterschiedliche Begriffe verwendet, die verschiedene Formen von Liebe bezeichneten. *Éros* benennt dabei die sinnlich-erotische Liebe, das Begehren des geliebten Menschen und den Wunsch geliebt zu werden – sprich die Leidenschaft. Die genauen Bedeutungen und Schwerpunkte des Liebesbegriffs veränderten sich im Laufe der Zeit, jedoch haben diese bis heute ein geistig-seelisches Prinzip und einen Besitzwunsch inne. Gerade hier spiegelt sich der eben erläuterte Glaube an sich selbst und auch das Vertrauen an eine höhere Macht wider. Das zeigen ebenso meine Gespräche mit liebessuchenden Menschen, wo ich immer wieder auf die Frage gestoßen bin, warum es so schwer ist diese eine besondere Person zu finden. Ich bin der Ansicht, dass diese höhere Macht es womöglich will, dass wir zunächst viele unrichtige bzw. falsche Menschen treffen, bevor wir die richtigen treffen. Treffen wir letztendlich die richtigen Menschen, so werden wir für dieses Geschenk dankbar sein. Wenn Ihre Liebe entschwindet und es den Anschein erweckt, dass sich das Tor des Glücks schließt, öffnet sich ein anderes. Wir schauen aber oft zu lange auf das geschlossene Tor, sodass wir das geöffnete nicht sehen. Es ist wahr, damit wir erst dann wissen, was wir gehabt haben, bis wir es verloren haben. Es ist aber auch wahr, dass wir nicht wissen, was wir vermissen, bis es eintrifft.

Leid, Tod und Seelenfrieden finden

Die wahre Gerechtigkeit liegt in der Hand Gottes.

– Göksel Copur

Religionen fußen auf der Grundforderung des Glaubens. Ist man nicht gewillt seine Zweifel und Skepsis hinter sich zu lassen, wird man auch nicht an die Existenz von etwas Höherem glauben. Gleichermaßen verhält es sich mit dem Glauben an sich selbst. Wenn Sie erst einmal den Grundstein für ein Fundament legen, welches eine starke Gläubigkeit für Grundsätze und Überzeugungen entwickelt, dann bietet dies Ängsten keinen Platz und Gewissheit und innere Zuversicht gehen daraus hervor. Wichtig dabei ist zu wissen, woran und warum Sie glauben – so verhindern Sie, dass die Windböen des Zweifels die Oberhand gewinnen. Auf unserer Welt leben jedoch viele Menschen, die keinen Glauben und keine Religion haben. Nun, mit dem Glauben es ist das so eine Sache. Ein *Atheist* (eine Person, welche nicht an die Existenz von Göttern glaubt), glaubt natürlich auch an etwas – nämlich dass es keine Götter gibt. Das macht diese Menschen nicht zu schlechteren Erdenbürgern und niemand muss dies ändern – Ihr Leben können Sie so ausrichten, wie Sie wollen, das ist Ihr gutes Recht. Die weltliche Daseinsperspektive wird jedoch nicht selten an transzendentale Perspektiven geknüpft. Verglichen mit dem weltlichen Universum ist unser menschliches Dasein relativ kurz – ein *Wimpernschlag*. Es kommt auf Sie, mich und viele andere nicht wirklich an, bei mehr als 100.000.000.000 Menschen, welche bereits auf der Erde lebten. Wenn wir unseren winzigen Augenblick dann noch damit verbringen, Unheil zu stiften, so hat das *Leben* keinen *Sinn*. Das über andere gesäte Leid, werden wir früher oder später nur selbst ernten. Wenn Sie jedoch schon selbst leiden, können Sie sich als Christ sagen, dass das Leid einen *Sinn* in Ihrem Leben haben muss, da Gott es ist, der mir mit dem Leben auch sein Erbarmen schenkte. Und wenn Sie keinen Glauben haben, können Sie sich sagen, dass dieses Leid nicht lediglich Ihnen alleine widerfährt. Durch die gezielte Vorstellungskraft können ebenso Schmerzen gelindert werden (beispielsweise indem Sie sich an der schmerzenden Stelle etwas vorstellen, was Sie glücklich macht). Und wenngleich Ihre Erkrankung noch so schwerwiegend sein mag, gibt es sicher eine Arznei, um Ihrer Hoffnungslosigkeit nicht gänzlich machtlos gegenüberzustehen – und gibt es diese Arznei nicht, so führt auch Hoffnungslosigkeit zu nichts. Hoffnung bedeutet Ihrem *Leben* einen *Sinn* zu geben und tiefgründig in Ihrem *Innersten* glücklich zu sein.

Dem Tod müssen sich früher oder später sowohl ungläubige wie gläubige Menschen stellen. Das Unglück lässt dabei keine Menschengruppen verschont und vergreift sich dabei auch an geliebten Menschen, wie beispielsweise nahen Angehörigen, wenn diese sterben. Sie können dann nicht mehr viel tun oder ändern und gerade deswegen ist es wichtig zu wissen, dass Verzweiflung mehr Schaden anrichtet als Hilfestellung bietet und Ihre Schmerzen auf Ihrem bereits angekratzten Gemüt zu nur noch tieferen Kerben führen. Gerade weil Sie nichts mehr ändern können, sollten Sie sich sagen, dass auch Verzweiflung Sie nicht weiterbringt. Einen geliebten Menschen zu verlieren ist nie einfach. Aber wenn Sie diesen verlieren, so sagen Sie sich, dass das Leben mit den Jahren an einem Punkt eben zu Ende geht. Unser Dasein ist nur ein winziger Augenblick des gesamten Erdenlebens und wenn jemand stirbt, setzt unsere Seele die einmal begonnene Reise fort. Alle 5 Weltreligionen vertreten die Auffassung, dass zwar der menschliche Körper nach dem Tod verkommt, aber der Geist es ist, der fortbesteht und wir unsere geliebten Menschen wiedersehen werden. So ist der Tod nahestehender Personen weniger schmerzlich für uns, da es sich lediglich um eine vorübergehende Trennung handelt. Nichtsdestotrotz ist der Tod ein wahrlich einzigartig prüfender Augenblick und wenn möglich, macht es *Sinn* sich darauf vorzubereiten. Der Tod ist für uns weltliche Menschen unausweichlich und deshalb gehört er zum Leben: Es hat keinen *Sinn* ihm entkommen zu wollen, da das weltliche *Sein* befristet ist und sich zwischen Anfang und Ende des Lebens abspielt. Die meisten Menschen schrecken davor zurück, sich dies vorzustellen und sich mit dem Tod aktiv auseinanderzusetzen. Im Eifer des Gefechts geben wir uns den erdigen Versuchungen hin, führen Aufgabe um Aufgabe durch, häufen unzähligen Besitz und Güter an, fast so als würden wir niemals an das Morgen denken

oder früher oder später *das Zeitliche segnen*. Menschen ohne Glauben können sich sagen, dass der Moment des Sterbens ein natürlicher Prozess als Teil des Lebens ist. Haben Sie einen Glauben, so macht es *Sinn* zu wissen, dass Sie am Ende angelangt und darüber traurig sein mögen, es dennoch einen tiefergehenden Grund geben muss, es gottgewollt ist, aber die näheren Hintergründe dessen ungeachtet unserem Verstand verwehrt bleiben.
Glaube schenkt Trost, Lebenssinn, Hoffnung und Mut. Damit lässt sich jedes Ihnen widerfahrene Unglück überwinden. Dabei zeigt sich immer wieder, dass der Glaube hilft, besser mit Verlusten umzugehen. Untersuchungen deuten ebenso darauf hin, dass Glaube und Spiritualität Vorteile bieten, die anderswo in dieser Intensität kaum zu finden sind. Unabhängig von Religion oder Konfession sind Menschen, die Gottesdienste besuchen glücklicher und zufriedener. Es offenbart sich ebenso, dass religiöser Besuch stark mit dem selbst erlebten und berichteten Glück zusammenhängt. Das Engagement in einer Gemeinde führt zu einer höheren Lebenszufriedenheit und darüber hinaus zeigen diese Menschen eine größere Fähigkeit mit schwierigen Lebensphasen besser umzugehen. Ein Glaubensleben fördert das Wohlbefinden und die Zugehörigkeit zu einer Religionsgemeinschaft bietet einzigartige Unterstützung in Lebenskrisen. Aber wie und was Sie verehren, das liegt ganz bei Ihnen.
Sie kennen vielleicht die Geschichte, die unter dem Namen „*Fußspuren im Sand*" weltweit bekannt geworden ist. Ein Mann hält dabei im Traum ein Zwiegespräch mit

Gott. Rückblickend auf sein Leben bemerkt er, dass an manchen Stellen zwei Fußspuren zu sehen sind, an anderen dagegen nur eine. Das war immer genau in jenen Phasen seines Lebens, als es ihm am schlechtesten ging. Er beklagt sich darüber bei Gott, weil er meint, dieser habe ihn in seinen schwersten Lebenssituationen im Stich gelassen.

Worauf er die Antwort bekommt: *„An diesen Stellen kannst du nur eine Fußspur sehen, denn da habe ich dich getragen!"* In der Folge die ganze Geschichte:

> Eines Nachts hatte ich einen Traum. Ich ging am Meer entlang mit meinem Herrn. Vor dem dunklen Nachthimmel erstrahlten, Streiflichtern gleich, Bilder aus meinem Leben. Und jedes Mal sah ich zwei Fußspuren im Sand, meine eigene und die meines Herrn. Als das letzte Bild an meinen Augen vorübergezogen war, blickte ich zurück. Ich erschrak, als ich entdeckte, dass an vielen Stellen meines Lebensweges nur eine Spur zu sehen war. Und das waren gerade die schwersten Zeiten meines Lebens. Besorgt fragte ich den Herrn: *„Herr, als ich anfing, dir nachzufolgen, da hast du mir versprochen, auf allen Wegen bei mir zu sein. Aber jetzt entdecke ich, dass in den schwersten Zeiten meines Lebens nur eine Spur im Sand zu sehen ist. Warum hast du mich allein gelassen, als ich dich am meisten brauchte?"* Da antwortete er: *„Mein liebes Kind, ich liebe dich und werde dich nie allein lassen, erst recht nicht in Nöten und Schwierigkeiten. Dort wo du nur eine Spur gesehen hast, da habe ich dich getragen."*

Der Glaube an etwas schenkt uns nicht die Probleme, mit welchen wir auf der Welt zurechtkommen müssen. Er gibt uns vielmehr Kraft und Stärke mit diesen ein besseres Auskommen zu finden und manchmal Lösungen herbeizuführen. Woher nimmt man den Antrieb, wenn alle Kräfte bereits aufgezehrt sind? Woher die Kraft, Geduld und Hoffnung, wenn immer noch kein Ende des Leids in Sicht ist und die seelisch-geistigen Kraftquellen bereits erschöpft sind? Ein Blick hinter die Kulissen der Menschen zeigt schnell, dass kaum jemand zu finden sein wird, der zu beneiden wäre. Jeder hat sein Päckchen Leid umgeschnallt, das er zu ertragen hat. Der *Glaube* hilft dabei. Dennoch zweifeln viele Menschen am Glauben bzw. an der Existenz von etwas Höherem – das ist nicht wegzureden. Diese Zweifel werden mit der Frage nach dem Grund für das viele Leid, die Armut und die Kriege auf der Welt begründet. Warum lässt dies ein gütiger, barmherziger Gott zu? Man spricht demnach von der *Theodizee-Frage*, mit anderen Worten von der „*Gerechtigkeit Gottes*" oder „*Rechtfertigung Gottes*". Dieses Leiden hängt ferner mit den Erläuterungen des Glücks zusammen. Jeder von uns ist zu einem gewissen Grad für seine eigenen Gedanken und Handlungen verantwortlich und diese sind ebenso Ursache für Unheil und Leid. Es gibt auf unserer Welt nur einen Menschen, der es in der Hand hat, uns glücklich oder unglücklich zu machen und das ist unser innerstes „*Ich*" – wir Menschen schaffen uns dieses „*Ich*" selbst. Bemühen Sie sich also, wenn Sie *einsam* und *verlassen* sind, für sich das Beste zu finden: Ein glücklicher Mensch zu sein, der die Quelle des Glücks in sich selber findet. Dieses höhere Wesen, Gott, Tao, Dào oder wie auch immer Sie es nennen möchten, schuf uns folglich, sodass wir uns gegen oder für ihn entscheiden können. Natürlich hätte uns diese „*übersinnliche Macht*" auch so schaffen können, dass wir gezwungen sind mit ihr zu leben. Aber es ist wie mit der Liebe zwischen zwei Menschen, die sich unabhängig füreinander entscheiden, ohne Absichten an die Liebe zu heften. Denn: Gezwungene Liebe ist nichts wert. Gerade deswegen, weil wir die Entscheidung über haben, zu glauben oder nicht zu glauben, sich für oder gegen Gott zu entscheiden, sind wir in der Liebe zu dieser höheren Existenz und den Menschen so bedeutsam. Wenn uns Gott oder unser Glaube als bereits perfekte Wesen schaffen würden, die alles richtig machen und frei von Problemen sind, dann wären wir zwangsläufig nichts und niemand. Dann wären wir nicht eigenständig und von uns würde nichts abhängen. Oder aber wir sind auf uns gestellt und haben die Möglichkeit etwas zu entscheiden. Das birgt eben die Gefahr in sich, nicht zu glauben und sich gegen Gott zu entscheiden. Und dies bringt uns wieder zurück auf die Frage des guten Glaubens und Gottes. Kriege, Leid und Armut sind auf die *falschen Entscheidungen* von Menschen zurückzuführen, welche es bei einem barmherzigen, gütigen Gott dennoch auf dieser Welt gibt.

Kränkung, Ablehnung und Kummer

In Anbetracht des Todes wird vieles unwichtig. Nur eines nicht. Die Liebe, die zwei Menschen miteinander verbindet.
– Pierre Franckh

Herz, Geist, Seele, Gefühlsregungen – all das gibt man in einem von Liebe und Zuneigung gekennzeichneten Anflug, in seiner reinsten und schönsten Form, an seinen geliebten Menschen weiter. In einem Wechselbad innigster Gefühle bringt man Größe zum Ausdruck, wenn man sich nicht vereinnahmen lässt und sich voll und ganz, unabhängig der Auf- und Abschwünge des Beziehungslebens, für seinen Partner entscheidet. Nicht die flüchtige Leidenschaft, das aufregende Neue oder zu erwartende Annehmlichkeiten stehen im Vordergrund, sondern die Person selbst ist es, der man damit zu verstehen gibt: Meine Liebe ist für dich, ganz gleich was auch immer passieren mag. Liebe kann so für Menschen das schönste und wundervollste Gefühl sein, das die Welt zu bieten hat, aber gleichzeitig auch eines der schlimmsten Dinge, die einem widerfahren können – in Form gescheiterter Beziehungen. Mit Liebe ist sorgsam und bedächtig umzugehen. Die gebrochenen Herzen der Menschen, welche die Qualen des *Liebeskummers* vor sich hertragen und dies bezeugen, bringen zum Ausdruck: „*Warum nur ich und kein anderer?*" Aber nur etwas, das so stark schmerzt und die Menschen so sehr leiden lässt, hat auch einen gewissen Wert. Die großen Gefühlsregungen, die unbeschreiblichen Gefühle alles füreinander zu sein, ermöglichen erst den Schmerz, den wir beim Einbruch derart geballter „*Gebäude*" erleben. Menschen sind von Geburt an mit anderen Menschen verbunden, sie lieben, werden geliebt und geben Liebe zurück, sodass ein Verlust immer auch ein Stück weit an Leid geknüpft ist. Diesem Leiden kann man nicht entkommen.

Der Glaube verhütet oder verursacht zwar nicht Leid, gebrochene Liebesbeziehungen, Kummer oder Kränkungen, aber er hilft, dass Menschen einander zugetan sind und sich beistehen. Es ist ähnlich wie mit einem Jungen, der das erste Mal Fahrradfahren lernt, der weiß, dass er auch ohne dem Festhalten seines Vaters und seiner Stützen fahren kann. Dabei stellt sich lediglich die Frage, ob er das noch immer _glaubt_, wenn die Stützen ab sind und sein Vater ihn vollständig loslässt und gänzlich ohne Unterstützung fahren lässt. Glaubt er dann noch immer daran oder hört er auf daran zu glauben, sodass er in Stress und Hektik gerät und umfällt. Wenn jemand schwer leidet, erkrankt und stirbt ist nicht sein Glaube schuld – dies hat andere Ursachen. Aber ich habe es in meinen geleisteten sozialen Diensten während all der Jahre immer wieder erlebt, dass selbst weniger gläubige Menschen in ihren letzten Stunden, dann doch noch an etwas glauben. Der Glaube gibt Kraft, erlebtes Leid zu ertragen und jeden Tag so hinzunehmen wie er kommt. Natürlich sah ich nicht immer Wunder, aber diese Menschen fanden Kraft, tragische Ereignisse besser hinzunehmen oder auch zu überleben. *Joseph Soloveitchik* schrieb einst, dass Leid den Menschen veredle, seine Gedanken von Oberflächlichkeiten und Stolz reinige und seinen Horizont erweitere. Das bedeutet folglich, dass Leid imstande ist die menschliche Persönlichkeit vollkommener zu machen. Glaubensprüfungen können auch so verstanden werden, wonach sie nur denjenigen zuteilwerden, die auch imstande sind, damit fertig zu werden. Sie selbst und andere Mitmenschen können so ihre seelisch-geistige Stärke und Beschaffenheit besser erkennen und festigen. Im *Talmud* wird dies so beschrieben:

> Auf dem Markt sind Töpfer zu beobachten, die umhergehen und mit dem Stock auf Töpfe schlagen, um zu zeigen wie widerstandsfähig und robust sie sind. Der kluge Töpfer schlägt jedoch nicht auf die schwächsten und zerbrechlichsten, sondern nur auf die stärksten Töpfe.

Häufig kommt es zu schweren Prüfungen für Menschen, aufgrund eines Lasters, dass fast jeder mit sich herumträgt: *Hochmut*. Die Gefährlichkeit des Hochmuts liegt darin begründet, dass sich darin keine andere gute Eigenschaft wie Redlichkeit, Freude und Zwischenmenschlichkeit verbirgt, welche bei anderen Lastern sehr wohl zu finden sind. Die Untugend des Hochmuts ist vor allem mit zwei Wörtern zu beschreiben: *Feindschaft* und *Spott*. Den Charakterzug des Hochmuts macht noch perfider, dass der Hochmütige den Hochmut bei anderen noch viel mehr verabscheut. Es geht diesen Menschen vor allem darum aufzufallen und im Mittelpunkt zu stehen – 2 Schuster und nur 1 Leiste, das geht sich nicht aus.

Hochmut resultiert vor allem aufgrund des Wetteiferns zwischen den Menschen. Der oder die sind wohlhabend, schön, glücklich, gesegnet usw. Das ist natürlich immer von einem gewissen Stolz derjenigen Menschen getragen. Denn in Wirklichkeit sind die Menschen stolz darauf wohlhabender, schöner, glücklicher und gesegneter zu sein als andere Menschen. Wären alle Menschen auf einer Ebene, so würde man dem Stolz die Grundlage entziehen und Menschen hätten nichts mehr, woran sie sich messen und worauf sie stolz sein könnten. Wie viel an zeitlichen Ressourcen könnten wir sparen, würden wir nicht damit beschäftigt sein, was die anderen tun, denken oder sagen, sondern lediglich damit, selbst ein ehrlicher und aufrechter Mensch zu sein. Das hilft Ihnen ebenso dabei, so zu leben, als müssten Sie jederzeit aus dem Leben scheiden. Sie können daher die Ihnen noch verbleibende Zeit als Geschenk betrachten und sind damit weniger anfällig für die Untugend des Hochmuts. Dazu gehört als erster Schritt Leid und Kummer hinter sich zu lassen und zu erkennen hochmütig zu sein. Das fällt einfacher, wenn man sich selbst als etwas „*Winziges*" wahrnimmt oder sich gleich ganz vergisst, um so entschieden gegen Hochmut anzugehen und auch zur Demut zu gelangen. Es ist wie mit *Regen*, *Wind* oder den *Gezeiten*: Man kann sich davor schützen, sich in Sicherheit bringen, sich flach auf den Boden legen oder davonlaufen. Man wird dadurch aber nicht empfindsamer für das Wetter, bekommt kein Gespür dafür oder fühlt damit den Wetterverlauf über einen bestimmten Zeitraum hinweg in irgendeiner Weise besser. Die Kraft der Witterung spürt man eben nur dann, wenn man sich dagegen auftut. Menschen und ihre Umstände können somit auch deshalb schlecht sein, weil sie ein überbehütetes Leben führen oder stets gegen nichts angehen – sie geben nach und machen es anderen recht.

Es ist nicht sinnvoll jemanden, der eine Scheidung durchmacht, vom Unglück getroffen wurde oder großes Leid verspürt zu sagen: „*Hättest du nur anders gehandelt, würde es dir nun besser gehen.*" Wir glauben allzu leicht, dass widrige Umstände verhindert werden können, wenn wir nur anders mit der jeweiligen Situation umgehen würden. Manchmal gehen Menschen eben getrennte Wege, da beide etwas anderes erwartet haben. Manchmal sterben nahestehende Menschen, nicht wegen der misslungenen Behandlung, auf welche die Angehörigen gedrängt haben, sondern weil Menschen unheilbar erkrankt sind. Unternehmen geraten immer wieder in Schieflage – ein Großteil der Neugründungen scheitert – aufgrund einer schlechten Konjunktur, den falschen Prognosen oder der harten Konkurrenz, jedoch nicht weil man sich einer falschen Entscheidung hingegeben hat. Es ist *sinnlos* zu sagen, dass wir für jedes erfahrene Leid, Unheil oder Unglück selbst schuld seien. Denn es sind nicht immer unsere eigenen Fehler, die dafür verantwortlich gemacht werden können und nicht alles, was in der Welt vor sich geht, ist von uns beeinflussbar. Ist ein Mensch vom Unheil nicht verschont geblieben, ist es nicht immer einfach die richtigen Worte zu finden, jedoch viel einfacher zu wissen, was man nicht sagen sollte. Sie sollten diese Menschen nicht kritisieren („*mach keine Szene, wegen all der Leute*") oder bagatellisieren („*das ist doch gar nichts, da kenne ich viel Schlimmeres"*). Zudem ist es nicht angebracht, denjenigen, der sich in einer misslichen Situation befindet, zu veranlassen, dass er seine Emotionen und Gefühle unterdrückt (*„Lass es wie es ist, denn Not tut gut an dir"*). Am wichtigsten ist es, überhaupt zu kommen und zuzuhören. Diese Prinzipien erweisen ebenso bei Kummer gute Hilfestellungen. Loslassen können ist sehr schwer – gerade wenn man emotional verwirrt ist. Aber es ist sehr befreiend und an den Schmerzen wachsen Sie. Probieren Sie es einfach aus. Liebeskummer überwindet man am besten, wenn man der verflossenen Liebe für einige Zeit aus dem Weg geht. Weniger an den ehemaligen Partner denken und Abstand halten. Man sollte ebenso viel mit nahestehenden Menschen über die eigenen Gefühle reden – oder darüber schreiben. Es gilt dabei sein Leben wieder in die eigene Hand zu nehmen. Wenn Sie gerade verlassen wurden, tun Sie sich etwas Gutes. Das lenkt ab, sich auf die eigenen Fehler und Schwächen zu fokussieren, die zumeist nach Trennungen im Übermaß in unseren Köpfen herumschwirren. Verlassene Partner bilden sich dann ein, nicht gut genug für den anderen zu sein. Sagen Sie sich einfach, nur weil zwei Menschen, in einer Welt mit mehreren Milliarden Erdenbürgern, nicht gut zusammenpassen, man einfach sein gewohntes Leben weiterführen sollte und noch genügend andere, besser passende Partner vorhanden sind. Eine Abfuhr tut immer weh, aber man hat wenigstens Gewissheit. Wenn jemand für einen nichts mehr empfindet (oder auch noch nie empfunden hat), dann wird sich das auch nicht ändern – das muss man akzeptieren. Leider projizieren wir in andere Menschen häufig Dinge hinein, die erst gar nicht da sind. Mit diesem Wissen fällt es Ihnen leichter loszulassen. Man will schließlich nicht mit jemandem zusammen sein, den man erst zu überzeugen hat, wie gut man nicht ist. Es sollte vielmehr so sein, dass der Partner ständig an Ihren Augen hängt und an nichts anderes als an seinen neuen Herzensmenschen denkt. Unglücklich verliebt zu sein, ist nicht einfach von der Hand zu weisen, aber fokussieren Sie sich auf die verwerflichen Eigenschaften der anderen Person, so fällt es Ihnen ebenso leichter Abstand zu gewinnen und nicht so sehr an den ehemaligen bzw. potenziellen Partner zu denken. Wenn wir erfahrene Wunden immer wieder aufs Neue aufreißen und in Selbstmitleid baden, dann finden wir uns in einer Kränkungsspirale wieder, der wir nicht entkommen. Wenn Sie sich erlittenes Leid, Kränkungen und Unheil wiederholt in Erinnerung rufen, so werden Sie ewig an Ihren „*Wunden*" lecken. Abhilfe schafft auch hier ein alt bewährtes Heilmittel: *Humor*. Unangenehme und ernsthafte Lebenssituationen stehen Sie mit Formen der Fröhlichkeit leichter durch. Leid und Unglück passieren überall, leider auch in der Liebe. Dies lässt sich nie ganz vermeiden, aber Sie können immer Zuversichtlichkeit schöpfen.

Besonders schmerzlich ist Ablehnung, Kränkung und Zurückweisung im Bereich der zwischenmenschlichen Beziehungen. Das Kränkungsgeschehen ist für viele bereits in der Beziehungsanbahnung zu spüren. Man kommt bei der Kontaktaufnahme in der Partnersuche zumeist nicht umher, negative Begleiterscheinungen und Kränkungen zu erfahren. Ich denke jedoch, dass Mann oder aber auch Frau schon ein Stückchen aktiv sein muss, um Chancen und Möglichkeiten für ein Kennenlernen zumindest erst mal zu schaffen. Sagen Sie sich, dass Sie nichts, gar nichts zu verlieren haben. Jeder Mensch ist anders und folglich kann auch nicht jeder mit jedem zusammenpassen. Seien Sie mutig, denn wenn Sie es erst gar nicht versuchen, haben Sie überhaupt keine Chance. Und kommt es zu erfahrenen Kränkungen, so bestimmen Sie immer noch selbst was Ihnen seelischen Schmerz zufügt. Sie sind Herr über das „*Kränkungsgeschehen*" und da hilft es Ihnen auch zu verzeihen. Nicht nur in Liebesdingen kann Ihnen dies von Nutzen sein. Bösartige Beleidigungen und damit einhergehende Kränkungen treten häufiger auf als man denkt. Neben der erläuterten *Gelassenheit* und *Humor* hilft hier ebenso, dass der Empfänger die kränkende Botschaft *abschwächt*, *verniedlicht* und ihr *keinerlei Relevanz* zuschreibt. Bei all dem Kummer, Leid, der Trauer und den nicht erfüllten Begierden und verflossenen Lieben: Es mag anfangs nicht leicht zu verstehen sein, dennoch reinigt dies Ihr Herz. Der fehlende Blick über den Tellerrand und mangelndes Verständnis bewirken jedoch, anzunehmen, dass nur die eine Liebe, die ständige Suche nach der einen Liebe und Freude das Leben lebenswert machen. Sie sollten es nicht zulassen, dass jemand zu einer Priorität in Ihrem Leben wird, wenn Sie nur eine Option in seinem Leben sind. Nicht alle Stürme kommen um Ihr Leben zu erschüttern. Manche kommen um Ihren Weg freizumachen. Immer wieder zeigt sich, dass er/sie oder sie/ihn nicht mehr will. Man kann es dann ohnehin nicht mehr verhindern – wozu also all die Aufregung um nichts. Diese fatalistische Einstellung schließt Eifersucht aus und hilft darüber hinaus besser über die Trennung hinwegzukommen. Wenn es nicht sein will, dann hat es schon einen *Sinn* gehabt. Und noch eines: (zu viel) Nachdenken führt zu nichts.

Dennoch müssen wir lernen, unsere Gefühle *jetzt* und nicht erst später auszudrücken – nicht dann erst, wenn es bereits zu spät ist. Keiner von uns weiß, wann unsere Zeit gekommen ist. Deshalb sagen Sie den Menschen, dass Sie sie lieben. Sagen Sie Ihnen, dass Sie etwas für sie empfinden und sie zu schätzen wissen. Es gehört schon ein Stück Mumm und Tapferkeit dazu sich auszudrücken, aber wenngleich auch Ihre Ehrlichkeit nicht geschätzt wird und Menschen anders reagieren als erhofft, ist das nicht so wichtig. Bedeutender ist vielmehr es sich von der Seele zu reden. Es lebt sich so leichter, als Schuldgefühle vor sich hertragen zu müssen. Wer glücklich leben und lieben will, sollte seine Schuldgefühle ablegen, da Ehrlichkeit sich lohnt. Dies macht sich nicht immer sofort bemerkbar, auf die eine oder andere Weise kommen wir damit jedoch weiter. Beispielsweise in Gestalt eines höheren Selbstwerts, Menschen etwas mitzuteilen bevor sie sterben und dies nicht zu verabsäumen oder in Form von aufrichtigen Beziehungen und dem Ende von unredlichen Beziehungen. Wir können es nicht immer gleich erahnen, wie sich dieser offene Umgang mit

Gefühlen auswirken wird, dennoch werden Sie danach „*freier*" leben und dies wird Ihnen helfen.

Dessen ungeachtet hindert dies nichts daran, dass Liebe manchmal zu Enttäuschungen führt. Im realen Leben ist es durchaus schon mal so, dass der Verpartnerte meint, sich einen verliebten Single als angenehme verehrende Lebensbegleitfigur zu erhalten. Denken wir an den Film „*Vom Winde verweht*". *Scarlett O'Hara* ist in den verheirateten *Ashley* verliebt, der wiederum nur *Melanie* liebt. Er findet zwar ebenso *Scarlett* toll, weil sie so intelligent und voller Energie ist, aber er liebt sie nicht und will nur mit *Melanie* sein Leben glücklich verbringen. Die arme *Scarlett* will es jedoch nicht wahr haben und setzt alle Hebel in Bewegung und tut viel, um ihn doch zu bekommen. Und dennoch – alles ohne Erfolg. Nachdem sie bereits alles versucht hat, muss sie schweren Herzens feststellen, dass er sie nicht will. Am Ende steht sie vor den Trümmern ihrer eigenen *Illusion*. Verliebtsein bedeutet immer auch Habenwollen. Das Nichthabenkönnen kann ein Stück weit „*schöngeredet*" werden – aber eben nur ein Stück. Jeder kennt diese Enttäuschungen, die man durchzumachen hat. Um das zu verhindern und besser damit zurechtzukommen, sollten Sie *(I)* sich auf die Menschen konzentrieren, die Sie wollen und nicht Ihre wertvolle Zeit mit verlorenen Geschichten vergeuden. *(II)* Sie können, um besser zu vergessen, vor allem bei schmerzvollen Erfahrungen, strikte innerliche Grenzen setzen und das Thema als abgeschlossen betrachten. *(III)* Wenn Sie sich ganz klar immer wieder sagen, wie toll Sie sind, dass er/sie Sie nicht haben kann, Sie sich insgeheim aufzählen, was Sie alles im Leben bereits geschafft haben, wie frei Sie sind und welch angenehmes Leben Sie führen, dann bringt Sie dies in Ihrem Leben ebenso weiter nach vorne und vieles fällt leichter. Sagen Sie sich nur in eine *Illusion* verliebt zu sein (da wären wir wieder bei den Illusionen). Wären Sie mit diesem jeweiligen unglücklich verliebten Partner zusammen und hätten ihn jeden Tag um sich herum – wer weiß, wie lange Sie dann noch Gefühle für Ihr Gegenüber hegen würden. *(IV)* Werden Sie sich darüber im Klaren, dass es dann sowieso nicht die/ der Richtige sein kann. Gewinnen Sie zumindest vorerst Abstand, denn Liebe und Freundschaft schließen sich zumeist aus. Was für eine Art von Freundschaft ist es, wenn sie nur einseitig ist? Wenn die/der es nicht sein darf, dann liegt es wohl daran, dass das Schicksal noch etwas Besseres für Sie bereithält. Je mehr Sie bei sich selbst und Ihren Ansprüchen, Vorstellungen und Wünschen sind, eine neue Liebe zu finden, desto unattraktiver wird die verschmähte Liebe werden. Dabei gilt es nicht zu versuchen, es allen neuen potenziellen Partnern recht zu machen und diese zu beeindrucken. Am meisten kann man „*beeindrucken*", indem man einfach sich selbst treu ist, der zu sein, der man ist. Strahlen Sie dabei eine Souveränität und Zufriedenheit aus, dass es Sie nicht weiter beschäftigen würde, falls aus der neuen Liebe nichts weiter wird. Beim richtigen Partner können Sie ohnehin nichts falsch machen – wozu dann all die Aufregung? Denn manchmal muss man einfach dem Herzen folgen und die Dinge geschehen lassen. Früher oder später vereint das Leben was zusammen gehört und es trennt, was schadet – irgendwann. Wir sind alle Menschen und damit auch verletzlich. Das Ende von schädlichen Beziehungen bedeutet immer auch einen Neuanfang.

Lieben lernen und loslassen

Liebe macht nicht blind. Der Liebende sieht nur weit mehr als da ist.

– Oliver Hassencamp

Wenn Sie von Ihrem Partner einfordern, dass dieser Sie glücklich machen soll, entsteht ein Ungleichgewicht, welches Ihre Beziehung einschränkt und dazu führt, dass Sie nicht völlig in dieser aufgehen. Es ist, wie wenn Sie eine Beziehung beginnen und dabei nicht verliebt sind. Ich habe das mehr als einmal erlebt. Du magst jemanden und denkst: *„Wir könnten es genauso gut versuchen."* Keine gute Idee. Sie sind entweder verliebt oder nicht. Machen Sie sich nichts vor. Es ist Ihnen gegenüber nicht fair und ebenso nicht der anderen Person gegenüber. Menschen sollen nicht nur ohne Mann, Frau oder Kinder glücklich sein, sondern müssen es auch. Als bereits glückliche Frau (oder Mann), welche auf der Suche nach einem Partner ist, um Freude, Glück und Liebe zu teilen und dies nicht erst zu bekommen, werden Sie viel anziehender und interessanter auf potenzielle Partner wirken und sympathische Menschen kennenlernen, denen man auch einen Teil seines Lebens und noch mehr schenken möchte. Dazu gehört jedoch zu verstehen, dass Sie nicht von anderen Menschen abhängig sein sollten, welche Sie glücklich machen. Vielmehr gilt es Ihr Schicksal selbst in die Hand zu nehmen, was heißt, den Samen dafür zu säen und die Früchte in Form von Glück und anderen Freuden mit Ihren Mitmenschen zu teilen, sodass daraus noch mehr entsteht – sprich nicht zu Hungrigen zu werden, denen lediglich Geben und Nehmen wichtig ist. *Osho* ist ähnlicher Auffassung und steht für Folgendes ein:

»Die erste Lektion der Liebe besteht darin, nicht um Liebe zu bitten, sondern nur zu geben. Werdet zu einem Gebenden. Die Menschen machen aber genau das Gegenteil. Selbst wenn sie geben, tun sie es mit dem Hintergedanken, Liebe zurückzubekommen. Es ist ein Tauschhandel. Sie verströmen sich nicht, sie verschenken sich nicht freigiebig. Sie teilen aus, aber nicht vorbehaltlos. Aus dem Augenwinkel beobachten sie, ob es erwidert wird oder nicht. Arme Leute ... sie haben keine Ahnung von dem Naturgesetz der Liebe. Wer Liebe verströmt, zu dem wird sie zurückkommen.
Und wenn sie nicht kommt, macht euch keine Sorgen. Ein Liebender weiß, dass Lieben glücklich macht. Wenn es erwidert wird – gut, dann vervielfacht sich das Glück. Doch selbst wenn es nicht erwidert wird, macht der Akt des Liebens euch so glücklich und ekstatisch – wen kümmert es da, ob die Liebe erwidert wird?
Die Liebe hat ihre eigene, ihre innewohnende Glückseligkeit. Diese stellt sich ein, wenn man liebt. Man braucht nicht auf das Ergebnis zu warten. Fangt einfach

an zu lieben und allmählich werdet ihr sehen, wie viel Liebe zu euch zurückkommt. Man kann nur erleben und erfahren, was Liebe ist, indem man liebt. Genau wie man schwimmen lernt, indem man schwimmt, so lernt man lieben, indem man liebt.

Aber die Menschen sind sehr knausrig. Sie warten auf die große Liebe – dann, ja dann werden sie lieben! Sie bleiben verschlossen und in sich gekehrt. Und sie warten. Irgendwann, irgendwo wird ihre Kleopatra auftauchen und dann werden sie ihr Herz öffnen. Lasst keine Gelegenheit vorbeigehen, um zu lieben! Selbst auf der Straße, im Vorbeigehen, kann man liebevoll sein. Selbst zu einem Bettler kann man liebevoll sein. Es ist nicht nötig, ihm etwas zu geben, aber lächeln kann man. Es kostet nichts. Doch euer Lächeln öffnet euer Herz; es bringt Leben in euer Herz. Nehmt jemanden bei der Hand – einen Freund, einen Fremden. Wartet nicht, bis erst der Richtige kommt, den ihr lieben könnt. So wird der Richtige nie kommen. Liebt einfach. Und je mehr ihr liebt, desto größer ist die Wahrscheinlichkeit, dass der Richtige zu euch findet, weil euer Herz anfängt zu blühen. Ein Herz in voller Blüte lockt viele Bienen an, viele Liebende.«[*]

„Nehmen Sie jemanden bei der Hand." Das mag sich leichter anhören als es ist, wird sich so mancher denken. Man braucht nur zu jemandem gehen und seine

---

[*] Osho (2004).

Handflächen öffnen, den anderen bei der Hand nehmen, sodass sich beide Hände umschließen. Das kann schließlich jeder. Doch weiß man natürlich nie, wie der andere das aufnehmen wird. Er könnte Ihnen gegenüber negativ eingestellt oder abweisend reagieren. Aber gerade das können Sie zum Anlass nehmen, die von Ihren Mitmenschen künstlich geschaffenen Mauern aus dem Weg zu schaffen. Liebe erfordert in erster Linie ein Geben und Mut. Wo wären wir denn, wenn niemals jemand von sich aus den ersten Schritt macht? Sicherlich können Sie Zurückweisung und Enttäuschung erleben, aber mit etwas Zuversicht wird die Sache einen positiven Ausgang nehmen. Kümmern Sie sich nicht darum, was die Leute denken. Wir alle sterben am Ende. Glauben Sie wirklich, dass es somit wichtig ist, was die Leute über Sie denken?
Verliebtsein ist vergänglich und Partner werden auch gerne mal im Vorbeigehen ausgetauscht. Da wird dann auch ein großer Altersunterschied von 20 Jahren und mehr einfach so in Kauf genommen. Echte und wahre Liebe ist heute selten geworden, da Menschen zumeist darauf aus sind, wer welche Vorteile für sie bietet. Es wird getäuscht, „*warm gehalten*", jemand wird nur aufgrund seiner Attraktivität gewollt, Frauen die unbedingt Kinder haben wollen, Männer, die von Gefühlen und Liebe sprechen, nach dem Geschlechtsverkehr aber das Weite suchen, falsche oder nicht eingehaltene Kompromisslösungen, es werden „*besser-als-nichts*"-Beziehungen geführt... u.Ä.... die Liste ist sehr lange. Arbeit, Vertrauen, einfach laufen lassen – all das sind Fremdwörter heutzutage. Beziehungen sind zunehmend zu Lust- und Lebenskillern

geworden. Man kann sich getrost die Frage stellen: Gibt es wirklich wahre und glückliche Beziehungen? Schaut man sich im Bekanntenkreis um, so bemerkt man immer wieder, dass Freunde jammern, wie unglücklich sie sind und die Beibehaltung der Treue immer mehr zu einem „*Idealbild*" verkommt. Entweder er oder sie geht fremd oder man bekommt eindeutige Angebote von Menschen, die in Beziehungen sind. Warum? Wesentliche Gründe dafür sind, weil die Angst des Single-Lebens so groß ist und der Stand von vielen Menschen so verteufelt wird. Dabei vergessen Menschen, dass wir als Single geboren werden – also ist das doch kein Makel. Sich über eine Beziehung zu definieren und über diesen Weg zum Glück finden zu wollen, steht für eine große Selbstablehnung. Menschen, die andere für ihre Bestätigung brauchen, sind zumeist auch solche, die mit sich selbst nichts anfangen können. Immer wieder versuchen sie es über die berühmten „*Kompromisse*". Eine Beziehung ist nun mal keine Garantie für Glück, da man mit einer Beziehung sogar noch viel unglücklicher werden kann als ohne. Sicher hat ein Singledasein seine Vorteile; ein Single ist frei und unabhängig, muss sich nicht sorgen, niemanden fragen, weder sich absprechen, noch sich die Probleme von jemand anderem anhören, er kann sein Geld ausgeben wann und wie er will und auch den Alltag nach Belieben gestalten. Paare müssen hingegen alles und jenes absprechen, besprechen und gemeinsam planen. Sie können Ihr Singleleben völlig anders bewerten und auch Geschmack daran finden. Die *Kunst* des Lebens besteht vor allem darin, immer aus allen Möglichkeiten und

Gegebenheiten das Beste zu machen. Und: Niemand hat immer alles. In den meisten entwickelten Ländern gehen wir abends in unser warmes Bett, haben ein Dach über dem Kopf und müssen nicht hungern. Medizinische Hilfe kann man auf hohem Standard in Anspruch nehmen, wir müssen nicht vor Kriegen und anderen Auseinandersetzungen fliehen, haben eine gute Ausbildung und einen Beruf und finden unser Auskommen. Mehr als 90 Prozent der Weltbevölkerung haben dies nicht. Dankbarkeit hilft, wenn man sein eigenes Leben bewertet. Können Sie sich vorstellen, Sie würden Kollegen, Freunde und andere nahestehende Personen das letzte Mal sehen? Wie würde sich Ihre Beziehung zu diesen Menschen ändern? Wie dankbar wären Sie für diese Augenblicke? Viele Menschen haben keine Achtung vor ihren Beziehungen, opfern nahestehende Menschen auf Grund von Lappalien, ohne dies zu wissen und damit auch ihr Glück. Denken Sie daran, dass es schöner sein kann, jemanden zu haben, der an Urlaubserlebnissen und ähnlichen Unternehmungen teilnimmt. Jeder weiß, wie es ist, mit anderen Menschen über seine Probleme zu sprechen. Auch wenn keine wirklichen Lösungen daraus hervorgehen, so hilft Menschen schon alleine das Gespräch mit jemand anderem weiter.

Probleme können Ihnen ebenso Ängste bereiten. Doch um liebevolle zwischenmenschliche Beziehungen zu bekommen, müssen Sie von Ihren Ängsten loslassen und sich bietende Gelegenheiten ergreifen. Den meisten Menschen bieten sich diese Gelegenheiten, jedoch lassen sie diese ungenutzt verstreichen. Wir gehen häufig auf

Menschen nicht zu, da wir eine Zurückweisung befürchten oder wir gehen, aufgrund von Verlustängsten, erst gar keine Beziehungen ein und sprechen nicht über unsere Gefühle, weil wir Angst haben, andere würden darüber den Kopf schütteln. Den allermeisten Menschen fällt das Lieben gar nicht so schwer, viel schwerer ist es da schon diese Liebe erst einmal mitzuteilen. Wenn wir zwischenmenschliche liebevolle Beziehungen leben möchten, so müssen wir unsere Gefühle ausdrücken. Es ist wie mit allem anderen auch. Ein Lächeln macht genauso wenig Mühe wie ein vergrämtes Gesicht und ein entmutigendes Wort ist genauso kurz wie ein freundliches Wort. Es liegt nur an uns und so liegen die häufigsten Beziehungsprobleme darin begründet, dass einer der beiden Partner seine Gefühle, Gedanken und Probleme nicht ausdrücken kann (manchmal sind es auch beide – das macht die Sache natürlich nicht einfacher). Sprechen wir nicht über unsere Gefühle, so können wir auch keine zwischenmenschlichen Beziehungen knüpfen. Es ist schwierig eine Verabredung mit jemanden zu haben, wenn man nicht darum bittet. Wichtig dabei ist die Erkenntnis, dass Verabredungen häufig nur über eine große Zahl von Versuchen angebahnt werden können. Eine Niederlage sollte hier nicht als Korb begriffen werden, sondern als eine Chance und diese zumindest genutzt zu haben. Die Alternative wäre ständig potenzielle Partner zu sehen, welche einem gefallen und dann jedes Mal zu zögern, um später zu denken *„Hätte, würde, könnte ich nur...."* Ich bin Menschen begegnet, die manchmal 40 oder mehr „Körbe" nacheinander bekommen haben. Und der letzte Kandidat fand sie dann toll. Das zeigt, dass diese Menschen ihre Partner nie kennengelernt hätten, wenn sie Körbe als schlimmes oder zu vermeidendes Übel erachtet hätten. Nur die wenigsten Männer haben keine Angst vor Frauen und keine Angst vor Körben. Wer glaubt, Frauen haben es einfach, irrt sich. Folglich ist es kontraproduktiv, ein bestehendes Interesse stets zurückzuhalten, um eine Zurückweisung unbedingt zu vermeiden. Nach 50, 80 oder mehr Körben haben diese ganz einfach keinen negativen Effekt mehr. Im Gegenteil, Sie können jedes Mal stolz sein, wenn Sie jemandem zeigen, dass Sie für diese Person etwas empfinden. Man hat eben nur dann Erfolg, wenn man zeigt, wen man toll findet. Ärgern werden Sie sich wirklich nur, wenn Sie eine Chance nicht wahrgenommen haben. Wenn Sie etwa eine Frau oder einen Mann sehen, die oder den Sie toll finden, aber dann nicht ansprechen. Was passiert? An diese Momente können Sie sich sogar noch Jahre später erinnern. Angst vor mangelndem Interesse oder das Gefühl an Wert einzubüßen (Stolz), wenn das eigene Interesse nicht auf Erwiderung stößt, sind die alleinigen Gründe, warum so viele Menschen ein einsames Dasein als Single fristen und so lange alleine bleiben. Männer als auch Frauen. Sie können stolz sein, mutig zu sein und Sie werden merken, dass Sie in alltäglichen Situationen mit Kollegen, Bekannten, Freunden, Fremden und in allen möglichen sozialen Situationen sehr viel selbstsicherer werden – wenn Sie nur mutig sind. Ich kenne nur wenige Menschen, die wirklich mutig sind. Viele Menschen, die keinen Partner haben, sich jedoch einen wünschen, sind Single, weil sie einfach kaum auf Frauen bzw. Männer zugehen. Die meisten Menschen lieben authentisches und ehrliches Interesse. Sie geben diesen Menschen damit ein wundervolles Gefühl, indem Sie ihnen diese ultimative Wertschätzung (Ihr Interesse) entgegenbringen. Meiner Erfahrung nach sind lediglich die wenigsten Menschen darüber schlecht gelaunt oder reagieren extrem abweisend, wenn man sie anspricht. Bedenken Sie dabei: Das sind jedoch Ausnahmen. Wie Sie bereits richtig erkannt haben, gibt es überhaupt nichts wovor Sie Angst haben bzw. wofür Sie sich schämen müssten. Sie können stolz darauf sein, die Initiative ergriffen zu haben. Nur auf diese Weise kann man die Menschen kennenlernen, die man wirklich in seinem Leben haben will. Wenn Sie häufiger den ersten Schritt wagen, wird ebenso Ihr Selbstwertgefühl dies zunehmend nicht mehr als etwas Befremdendes, sondern als etwas Selbstverständliches und Natürliches verstehen (Menschen sind nun mal Gewohnheitstiere). Viele Menschen werden Ihre Offenheit zu schätzen wissen. Selbst, wenn diese dann kein Interesse haben, denn sie wissen, dass Sie zu einer kleinen Gruppe außergewöhnlicher Menschen gehören. Meistens haben seltsame Menschen, komische Vögel, Ausgeschlossene, Einzelgänger, Vergessene und Verlorene die schönsten Seelen. Es war stets so, dass Menschen alles lieben, das besonders, selten und spärlich gesät ist. Indem Sie Ihre Gefühle offen zeigen, gehören Sie einer besonderen und außerordentlichen Sorte von Menschen an, da die meisten Zeitgenossen viel zu viel Angst davor haben, zu offenbaren, wer sie wirklich sind. Gehen Sie diesen Weg weiter und Sie werden unweigerlich Erfolg haben. *Authentisches Verhalten* und *Mut* werden tatsächlich belohnt! Wenn wir lernen uns ehrlich und offen mitzuteilen und unsere Erfahrungen, Gefühle und Gedanken auszudrücken, dann macht das etwas mit uns und unserem Leben. Dabei vergessen die meisten Menschen, dass jemanden zu lieben auch heißt, mit dem Partner offen zu kommunizieren. Bei vielen Menschen sind Beziehungen nicht von Dauer, da sie ihr wahres *Ich* nicht offenbaren und fürchten sich festzulegen. Wenn Sie jedoch wahre Liebe leben möchten, nach einer langfristigen und liebevollen Beziehung Ausschau halten, Liebe erfahren und geliebt werden wollen, dann müssen Sie sich einem Menschen verpflichten. Auf der anderen Seite gibt es Menschen, welche sich entscheiden etwaigen Verlust, Trennung oder Schmerz nicht auf sich zu nehmen, da ihre Angst davor größer ist als das Verlangen nach liebevollen zwischenmenschlichen Beziehungen. Angst ist die größte Hürde auf dem Weg zur Liebe. Die Angst vor Verlust, Zurückweisung und sich vor anderen bloßzustellen. Wenn wir die wahre Liebe jedoch verspüren wollen, so müssen wir dem Gefühl nachgeben, sich dem Partner bedingungslos anvertrauen zu können, sich ihm verpflichten. Sie stellen ihn immer überall Ihre anderen Interessen und sind immer für ihn da. Wenn wir liebevolle Beziehungen möchten, so müssen wir unsere Ängste in die Schranken weisen und bereit sein, uns Menschen, die uns etwas bedeuten und lieb sind, voll und ganz zu verpflichten und zu widmen.

Die Glücksgefühle, welche die Verliebtheit hervorruft, können so manchen süchtig nach einem Partner machen und all die Menschen wünschen sich, die Liebe möge niemals enden. Dennoch wird in etwa die Hälfte aller Ehen geschieden. Ähnlich auch das Bild der nichtehelichen Lebensgemeinschaften, wo die Mehrheit der Partnerschaften in die Brüche geht. Das ist bedauerlich, wünschen sich die meisten dieser Paare doch für immer gemeinsam einen glücklichen Weg einzuschlagen. Neue Möglichkeiten des Kennenlernens, laufend Neues erleben zu müssen, Belanglosigkeiten, mangelnder Tiefgang und fehlender Kontakt mit seinen eigenen Gefühlen erschweren dauerhafte Beziehungen. Wer von Menschen erwartet, dass diese alleine aufgrund von ziemlichen Oberflächlichkeiten bereits Interesse bekunden, der braucht sich dann auch nicht beschweren, wenn sein Gegenüber sich später wieder leicht von Oberflächlichkeiten von Dritten wieder verleiten lässt. Man steuert eben selber mit, welche Menschen man aussiebt und welche man in sein Leben lässt. Dabei sollte nicht bereits zu Beginn um einen Partner gekämpft werden, da dann von Anfang an die Balance des gemeinsamen Interesses fehlt. Menschen, die tendenziell darauf aus sind, eine möglichst sichere Beziehung führen zu wollen und auf andere Dinge weniger Wert legen, können das natürlich tun. Andere Menschen sind eher darauf aus, etwas zu erleben. Großes Glück ist eben auch mit der Gefahr verbunden, es zu verlieren und danach sehr unglücklich zu werden.

Allgemein ist es heute um einiges leichter, potenzielle Partner kennenzulernen. Durch neue Formen der Beziehungsanbahnung, wie Online-Dating, entsteht jedoch eine Situation, wonach aufgrund der Unüberschaubarkeit potenzieller Partner viele Liebessuchende leiden. Menschen können deshalb nicht wie früher einfach sagen: „*Jetzt gebe ich mich zufrieden mit dem, welchen ich endlich gefunden habe.*" Sie sind folglich nicht fröhlich darüber und sagen vielmehr: „*Da draußen gibt es noch etwas besseres, deshalb sollte ich weitersuchen. Ich muss nur noch weiter ‚fischen' im schier unbegrenzten Angebot an Möglichkeiten.*" Daraus resultieren Gefühle des chronischen Unbehagens und der Beklommenheit (nicht nur in Beziehungen). Aus diesem Grund lässt sich auch vermehrt Eifersucht und die gegenseitige Kontrolle der Partner beobachten. Einst gab es bei verhängnisvollen Liebschaften keine ausufernden schockierenden Momente, wie das Auffinden ganzer Fotosammlungen oder das Durchsuchen des gesamten Chat- oder Mail-Verkehrs einer Affäre. Sicherlich wurde damals und heute gestritten, aber weniger facettenreich und es gab schon mal Eingeständnisse, welche als unbedeutende, geringfügige Angelegenheiten dargestellt und abgestempelt wurden. Heute kommen Menschen aufgrund der neuen Medien schon viel schwieriger darüber hinweg. Die Auswahlmöglichkeiten bei diesen neuen Dating-Formen sind immens und man ist nur einer von vielen potentiellen Partnern. Dies führt dazu einen guten ersten Eindruck zu schinden und diesen möglichst lange aufrechterhalten zu wollen. Die anfängliche „*Asymmetrie*" erschwert, der zu sein, wer man wirklich ist, sich mal „*gehen*" und Ruhe einkehren zu lassen. Der erste Schritt mag für viele einfacher geworden sein, jedoch hat sich bei dieser Suche nach der Liebe ebenso das Kränkungsgeschehen gesteigert, indem auf technische Optionen wie jemanden zu „*ignorieren*" oder zu „*blockieren*" zurückgegriffen wird. Ein Grund, warum sich immer mehr Menschen erst gar nicht mehr auf zwischenmenschliche Beziehungen einlassen und mittlerweile auch diese neuen Medien und Portale nicht mehr aufsuchen – zu anstrengend, zu häufig erlittene Enttäuschungen, neben den altbekannten herkömmlichen Verletzungen. Letztendlich läuft es bei der Suche *via* neuer Medien oder im alltäglichen Leben darauf hinaus, ob man sich *zufriedengeben* kann, mit dem was man hat und so zur Ruhe findet. Nicht nur für das menschliche Glück ist dies ein entscheidender Faktor, sondern es ist ebenso von elementar tragender Wichtigkeit für langfristige zwischenmenschliche Beziehungen. Gerade in der heutigen Konsumgesellschaft ist das jedoch schwer, da wir ständig von innerer Beunruhigung und ständigem Haschen und Hetzen umgeben sind. Hier braucht es als Paar einen gemeinsamen Gegenpol, eine Grenzziehung wenn man so will, welche ermutigt nicht so zu denken – nämlich es gäbe da draußen noch etwas Besseres. So findet man weder wahre Liebe noch den eigenen Frieden. Dabei sind die Menschen heutzutage nicht weniger treu als früher. Jedoch haben die Möglichkeiten für untreue Verhaltensweisen immens zugenommen. Vor 300 oder 400 Jahren lebten die Menschen in ganz Europa zumeist noch in Dörfern und

Gemeinden und hatten zugleich einen massiven wirtschaftlichen Druck seinem Partner gegenüber treu zu sein. Die Heirat und darauffolgende Scheidung eines Bauern- oder Zimmermannsohnes bedeutete in der Gosse und im sozial und/ oder moralisch anrüchigen Bereich zu landen. *Zusammenbleiben* ist für viele in der heutigen Zeit weniger wichtig, da Menschen emanzipierter wurden, der wirtschaftliche Druck abnahm und die Gesellschaft als Ganzes individualisierte Freiheiten mehr achtet als früher. Die zuvor aufgezeigte Parallele der Konsumgesellschaft im Zusammenhang mit zwischenmenschlichen Beziehungen (Menschen halten Ausschau nach etwas Neuem/ Besserem, wenn sie mit etwas unzufrieden sind), lässt darauf schließen, dass Menschen der Untreue gegenüber weniger verwerfend eingestellt sind. Zusammenbleiben mag weniger wichtig bzw. notwendig sein, dennoch hat das Verlangen der Menschen nach einer zuverlässigen und stabilen zwischenmenschlichen Beziehung möglicherweise sogar noch zugenommen, da derartige Partnerschaften, aufgrund der geschilderten Konstellationen, schlichtweg schwieriger, mühevoller und seltener geworden sind.

Affären, Fremdgehen und Ähnliches sind folglich in zwischenmenschlichen Beziehungen häufig anzutreffen. Wobei Männer und Frauen aus unterschiedlichen Motiven in Partnerschaften betrügen. Männer zielen auf die Triebbefriedigung und die Bestätigung ab. Bei Frauen ist es vielmehr das „*Frausein wollen*", die Suche nach der wahren Liebe, begehrt werden, der Neuanfang, ohne das ganze Konvolut an Verletzungen und Problemen aus der vergangenen Beziehung im Schlepptau zu haben. Frauen mit einer Affäre verlieren jedoch eher den Zugang zu ihrem Partner und finden nach dem Ende der Affäre ihren Mann nicht mehr attraktiv bzw. erträglich. Umfragen zufolge gehen knapp die Hälfte aller Frauen fremd. Dabei zeigt sich, dass die Hauptauslöser dafür emotionale und sexuelle *Unzufriedenheit* sind. Demnach ist es wichtig: *(I) Zuhören zu können.* Frauen wollen vor allem, dass sie gehört werden. Es geht darum in den Schuhen ihres Gegenübers zu stecken – nicht Ratschläge für ihren Job, ihre Bekanntschaften oder sonst etwas zu erteilen. *(II) Wertschätzung zeigen.* Machen Sie Ihrer Partnerin jeden Tag Komplimente, welche aufrichtig und ehrlich gemeint sind. Wertschätzung kann aber auch durch Nachrichten, Blumen oder andere Kleinigkeiten transportiert werden. *(III) Gemeinsame Zeit.* Das tägliche Gespräch von zumindest einer halben Stunde mit Ihrer Partnerin zeigt ebenso Wirkung, da diese dann viel weniger Anlass zu untreuen Verhaltensweisen hat. Das liegt darin begründet, da Ihre Partnerin Freuden, Kummer und Sorgen mit Ihnen teilen kann und so tiefgreifende Verbundenheit geschaffen wird. Neben diesen emotionalen Komponenten ist es laut Eheberater *Gary Neumann* ebenfalls wichtig, wie häufig man miteinander Sex hat. Glückliche und zufriedene Partnerinnen schlafen durchschnittlich 10 Mal im Monat mit ihrem Partner, unglückliche Frauen hingegen weniger als 5 Mal. Diese aufgezeigten emotionalen und sexuellen Auslöser der Zufriedenheit sind für Frau und Mann gleichsam wichtig.

Da annähernd 50 Prozent der Partner den jeweilig anderen Partner betrügen und diese treuelosen Verhaltensweisen den sozialen und empfindlichen Frieden eines Liebespaares erheblich beeinträchtigen, stellt sich die Frage, wie dies am besten bereits im Vorfeld verhindern. Ist das Band der Liebe einmal durchtrennt, ist es aufgrund erheblich negativer Emotionen (Angst, Wut, Panik, Ekel, Verachtung, Schuld, Zorn, Groll) oder nicht selten gewalttätiger oder gar tödlicher Konflikte kaum mehr wieder herzustellen. Für die meisten Menschen ist die Entscheidung für einen Lebenspartner die wichtigste in ihrem Leben. Das Risiko einer „*Fehlinvestition*" (von Emotionen, Materiellem, Lebenszeit) ist immens und unvertretbar groß. Berücksichtigt man die Tatsache, dass knapp die Hälfte aller Partner fremdgehen, so ist es klug, dieses Risiko bereits im Vorfeld klein zu halten. Prädiktoren für Untreue in monogam ausgelegten Langzeitbeziehungen sind neben der bereits erläuterten Unzufriedenheit:
(I) Eine hohe Anzahl vergangener Sexualpartner, *(II)* niedriges Alter beim ersten Sexualkontakt, *(III)* Einstellung zum (Nicht-) Zusammenhang von „*Liebe*" / Ehe und Sexualität, *(IV)* Attraktivität und Verfügbarkeit von alternativen Sexualpartnern, *(V)* Extrovertiertheit, *(VI)* Narzissmus und andere verwandte Persönlichkeitsstörungen, *(VII)* Dysfunktionale Kontrolle über die eigenen Impulse, *(VIII)* Suche nach schneller Reizbefriedigung und anderen „*Kicks*", *(IX)* weitere soziokulturelle Faktoren, darunter Religiosität, welche negativ damit korreliert. Je mehr dieser Faktoren zusammen-

kommen, desto höher die Wahrscheinlichkeit, dass ein Partner früher oder später fremdgehen wird. Diese Risikofaktoren lassen sich mehr oder weniger vermeiden und das hat mehr mit Rationalität als mit (Sexual-)Moral oder instinktiver Abneigung zu tun. Diese intuitiven Abwehrmechanismen finden in den oben genannten Prädiktoren für Untreue ihre empirische Entsprechung.

Zu beobachten ist ebenso, dass modernen Liebesbeziehungen eine intensive symbiotische Komponente innewohnt. Folglich richten die Menschen hohe Maßstäbe an das zu erwartende Glück – vor allem soll die eigene Selbstliebe gestärkt werden. Früher waren liebevolle zwischenmenschliche Beziehungen weniger narzisstisch geprägt, da Partnerschaften aus wirtschaftlichen Gründen geknüpft wurden und Paare deutlich weniger individualisierte zwischenmenschliche Bewertungen vornahmen. Heute sind Liebesbeziehungen eine ganz zentrale Stütze des Selbstwertgefühls – man definiert sich über den anderen und wenn etwas nicht nach den eigenen Vorstellungen klappt, so muss der Partner nur überzeugt werden. Ist die Liebe jedoch als zentrale Stütze des Selbstwertgefühls verblasst und verloren, versucht man dieser allzu oft mit vielerlei Mühe neuen Antrieb zu geben, es zu verleugnen oder sie irgendwie doch noch zurückzugewinnen.

Die *„Luft"* ist aber irgendwann raus. Nach ein paar Jahren Beziehung als Paar ist die Aufregung, die man am Anfang verspürt hat, verschwunden. Routinen schleichen sich ein und man fängt an *„nebeneinander"* zu wohnen. Paare sehen sich in ungünstigen Momenten und das kann natürlich die Leidenschaft und Romantik mildern. Um die Beziehung frisch und leidenschaftlich zu halten, ist es deshalb wichtig zu reden. Lange und *tiefsinnige Gespräche*, nicht lediglich über alltägliches Geschehen, sondern auch über familiäre Ereignisse, Wünsche, Träume und grundlegende Fragen des Lebens. In Langzeitbeziehungen vergessen Paare zumeist, was man in den jeweiligen Partner vor allem zu Beginn der Beziehung gesehen hat. Deshalb sollten sich Pärchen in *Erinnerung rufen*, was man in den anderen zu Beginn der Liebesbeziehung sah, sodass diese anfänglichen Gefühle füreinander wieder aufkeimen. Wollen Sie die frühere Leidenschaft wieder entfachen, können Sie Situationen nachspielen bei denen Leidenschaft aufkam, wie zum Beispiel im Restaurant, wo Sie sich das erste Mal getroffen haben oder im Hotel, wo Sie gemeinsam Ihre Flitterwochen verbrachten. *Verabreden* Sie sich zu einem romantischen Tag. Ein Termin einmal im Monat reicht da schon. Man nimmt sich frei, macht sich hübsch und verbringt einen gemeinsamen romantischen Abend.

Langeweile und Routine können einer Beziehung auf Dauer zu schaffen machen. Sie können Ihrer Liebesbeziehung durch spontane Überraschungen mehr Leben einhauchen, Dinge tun, die Ihren Partner zum Lächeln bringen oder nette Überraschungen aufbereiten. Das muss nicht kostspielig sein, aber ziehen Sie sich etwas Besonderes an, schenken Sie Blumen oder holen Sie ihn einfach von der Arbeit ab. Verbringen Sie mehr Zeit mit Ihrem Partner, kaufen Sie kleine Überraschungsgeschenke und interessieren Sie sich stärker für sein Leben. Sie werden sehen, auch das hält die Beziehung frisch. Damit die Leidenschaft enthusiastisch bleibt, müssen Sie etwas finden, dass Sie an Ihrem Partner interessiert oder begeistert. Anerkennung und Lob halten die Liebe frisch und helfen Ihrem Partner neues Selbstvertrauen zu tanken. Pläne für die Zukunft zu schmieden, wie eine Familie zu gründen oder eine lange Reise anzudenken, schweißen ebenso zusammen, da dies verbindet und Sie die Vorfreude zusammen genießen können. Rituale, gemeinsame Unternehmungen und Interessen helfen, dass eine eingeschlichene Langweiligkeit ihr Weites sucht. Das kann der gemeinsame monatliche Besuch bei der Familie sein oder den Tag mit all seinen positiven Aspekten Revue passieren zu lassen. Gemeinsame Unternehmungen, wie ein Kochkurs oder eine Musikrichtung, die beiden gefällt, verbinden und man hat so neuen Gesprächsstoff. Nach einiger Zeit schleicht sich eben Eintönigkeit in eine Beziehung ein. Interessen sind deshalb so wichtig, denn zusammen erlebt man mehr. Andererseits sollte jeder auch sein eigenes Hobby haben. Man will ja interessant bleiben. Helfen kann ebenso einmal wöchentlich oder monatlich für eine Stunde gemeinsam im Wald spazieren zu gehen. Dabei darf ein Partner 20-30 Minuten reden bzw. schweigen. Sie hören nur zu oder schweigen mit Ihrem Partner mit. Beim nächsten Mal sind Sie an der Reihe und Sie und Ihr Partner wechseln sich dann immer ab. Auf der anderen Seite kann auch ein wenig Abstand helfen, zu merken, was wir am anderen haben und wie sehr wir ihn vermissen. Sich an den Partner kuscheln, ihn in der Küche einfach umarmen oder er ruft von unterwegs an, ob er ein Eis mitbringen soll... Es sind einfach so viele Kleinigkeiten, die dafür sorgen, dass jemand seinen Partner liebt und vermisst. Einfach jemanden haben, der Sie berührt, der Sie einfach mal in den Arm nimmt und schöne Dinge sagt.

Weitere Ratschläge für eine erfüllte Partnerschaft können beinhalten:
(I) Dankbarkeit für die Beziehung zeigen. Glückliche Paare sind auch in der Öffentlichkeit gerne zusammen und suchen körperlichen Kontakt. Aber nicht gekünstelt oder als Show, sondern weil sie ihr Zusammengehörigkeitsgefühl einfach leben. *(II) Vergebung und Vertrauen.* So sicher wie das Amen in der Kirche, kommt es in jeder zwischenmenschlichen Beziehung zu Auseinandersetzungen oder Streitigkeiten. Wenn es keine Lösung gibt, sollte man sich verständnisvoll zeigen. Wenn man verzeiht und dem Partner weiterhin vertraut, wird man unvermeidlich glücklicher in der Beziehung. *(III) Händchen halten.* Händchen halten wird unterschätzt, aber dennoch ist es sehr wichtig! Es ist wissenschaftlich erwiesen, dass es eine positive Wirkung auf Beziehungen hat und man empfindet damit ein gutes Gefühl füreinander, da das Wissen der Paare gefestigt wird, zusammen unterwegs zu sein. *(IV) Gemeinsam schlafen gehen.* Körperliche Nähe ist gerade kurz bevor man einschläft sehr wichtig. Wie war es, frisch verliebt gewesen zu sein? Man konnte es kaum erwarten die Nacht miteinander zu verbringen. *(V) Umarmungen.* Es mag

übertrieben klingen, aber für jede stabile Beziehung ist die Umarmung bei jedem Wiedersehen sehr wichtig. Unser Gehirn verbindet die Umarmung mit unserer Haltung gegenüber der betreffenden Person. *(VI) Gelegentliche Wasserstandsmeldungen.* Glückliche Paare erkundigen sich tagsüber, wie es dem anderen geht. So ist man abends auf schlechte Stimmung vorbereitet und vermeidet unnötigen Streit. *(VII) Den Partner im besten Licht sehen.* Wenn Sie nach Mängeln, Fehlern oder Macken suchen, finden Sie immer etwas bei Ihrem Partner. Wenn Sie nach all den schönen Sachen suchen, werden Sie auch vieles finden. Es ist alles eine Frage der Perspektive und der eigenen inneren Einstellung. Sie haben die Wahl: Glücklich zu sein ist eben auch eine Frage der Entscheidung. *(VIII)* „*Gute Nacht!*" Am Ende eines jeden Tages zeigt ein einfaches „*Gute Nacht*": „*Du bist mir wichtig! Egal, was heute passiert ist!*" *(IX)* „*Ich liebe Dich!*" Nicht jeder bringt diese Worte gleich zu Beginn einer Beziehung über seinen Mund. Man möchte ja niemanden gleich verschrecken. Doch wenn Sie sich in einer Beziehung befinden, können Sie es nicht oft genug sagen oder besser noch durch Taten zeigen. Versuchen Sie einige der aufgelisteten Punkte einfach, denn jeder Mensch möchte nur eins: Aufrichtig und wirklich *geliebt* werden! Leider haben viele Menschen das Gefühl, dass sie in ihrer Beziehung verwelken und kaputtgehen. Deshalb sind auch Erinnerungen wichtig. Das kann das erste Treffen sein oder tolle Erlebnisse, wie Reisen oder der gemeinsame Hausbau. Genauso ist es bedeutsam, sich in Erinnerung zu rufen, was euch alles nicht auseinander gebracht hat, sondern mehr zusammen (wie beispielsweise durchgestandene Krisen).

Die Ratschläge für eine erfüllte Partnerschaft mögen plausibel erscheinen, dennoch ist unser heutiges Leitmotiv *Spaß* – und ja, wir wollen und können diesen zumeist auch haben. Freunde müssen Spaß machen, die Arbeit muss Spaß machen, Liebe und Beziehungen müssen Spaß machen, sonst ist etwas oder wir machen etwas falsch – der falsche Job, Partner oder was auch immer, wir finden da schon etwas. Alles kein Problem, wir können ja immer noch woanders hin, in ein fernes Land, das bringt dann die „*Erleuchtung*". Es wird erst dann unangenehm, wenn die Suche nach Freiheit und Vergnügen in Vergessenheit gerät und man sich heimlich still und leise abends in seinem Zuhause alleine zurücklehnt. Dann fragt man sich, wie es den anderen Menschen gehen mag, unseren Verwandten oder Großeltern, welche vielleicht noch längere Beziehungen führten und in einer Zeit geboren wurden, in welcher sie etwas repariert haben, wenn es kaputt ging. Viele Menschen wollen, wie zuvor erläutert, dass Beziehungen Spaß machen und genau deswegen scheitern sie oder wir führen deswegen immer weniger bedeutungsvolle und innige Beziehungen – denn Beziehungen sind eine Menge Arbeit und da kommt der Spaß natürlich zu kurz. In den ersten Wochen und Monaten denken wir an kaum jemand anderen, erleben noch nie zuvor verspürte und berauschende Gefühls-Cocktails und denken, „*Warum nicht schon vorher!*" „*Wo war sie/ er!*" „*Wer, wenn nicht sie/ er!*", doch eigentlich sind wir es, welche die Person zu dem machen, was wir glauben das sie ist. Wenn es zu Dingen wie der Liebe kommt, hat niemand alle Antworten, denn liebevolle zwischenmenschliche Beziehungen mit tiefen innigen Gefühlen sind das Komplexeste, das Sie sich nur vorstellen können. Es gibt folglich keinen perfekten Partner. Wenn Sie solch einen suchen, sind Sie zum Scheitern verurteilt. Der Schlüssel ist es zu versuchen. Jedoch denken wir ständig, dass jemand uns etwas schuldet, weil wir einmalig und wichtig sind. Unser Partner gehört da natürlich dazu. Glücklicher und noch glücklicher sollen wir durch ihn werden, das ist gut so und das soll auch so sein. Er soll uns Dinge kaufen und uns bereichern, freudig am Leben halten und mehr geben. Aber der Partner hat keine auferlegten Verpflichtungen. Eine zwischenmenschliche Beziehung soll das Leben schöner machen und freudiger – aber sie kann nicht glücklich machen, eher glücklicher. Wir hüpfen von unserer eingebildeten, imaginären großen Liebe zur nächsten großen Liebe, bis wir irgendwann zu alt und gebrechlich zum Hüpfen sind und auf all die Möglichkeiten bekümmert rückblicken, welche wir ziehen haben lassen. Wir wollen immer mehr, können den Hals nicht voll genug bekommen, jedoch geben wir nicht hinreichend, sondern wägen vielmehr ab. Denn man will ja selbst vorankommen, deshalb sind wir selbst unser unbeirrbarstes Projekt. Da liegt es nicht fern, auf andere kaum noch einzugehen, für andere keine Zeit mehr zu haben oder nach ihren Ängsten, Wünschen, Bedürfnissen oder Sehnsüchten zu fragen. Ein Zauber liegt demjenigen inne, der sich ein wenig mehr auf andere fokussiert.

Geben macht glücklicher und nicht nur andere, sondern auch Sie selbst. Zusammen einen Weg zu gehen und sich gemeinsam zu verwirklichen, trägt das ihrige dazu bei. Anstatt sich zu fragen, ob er/sie mich verdient oder er/sie mich glücklich machen kann, gilt es sich selbst zu fragen, was kann ich tun, um sein/ihr Leben etwas glücklicher zu machen. Wir machen uns jedoch etwas vor und reden von Erfolg, Misserfolg, Schönheit, Sexualität (angefeuert vom Konsum unrealistischer pornografischer Darstellungen) und dem Einfordern von allen möglichen imaginären oder weltlichen Dingen. Aber Sie können schon in einer Hinsicht unglaublich erfolgreich sein: Indem Sie einen Menschen mit ganzem Herzen und ganzer Seele lieben. Und das kann bereits für immer genug sein – ist es für die meisten Menschen jedoch nicht... Anziehungskraft, Leidenschaft, Sexualität und Schönheit mögen verblassen, aber Intimität und Freundschaft wachsen nur. Beginnen Sie deshalb keine Beziehung, wenn Sie nicht verliebt sind. Machen Sie sich nichts vor, denn man ist entweder verliebt oder nicht. Es nur zu versuchen hat keinen *Sinn*, da auch Ihr Gegenüber in Mitleidenschaft gezogen wird. Menschen können es eben nicht erzwingen tief und leidenschaftlich zu lieben. Es kann sein, dass Ihnen durch die Liebe weh getan wird, aber es ist der einzige Weg, Ihr Leben vollständig zu leben. Erinnern Sie sich daran, dass Sie manchmal nicht das bekommen, was Sie möchten. Sie können jedoch trotzdem glücklich sein.

Freundschaft

Bei dem, was wir gewöhnlich Freunde und Freundschaft nennen, handelt es sich allenfalls um nähere Bekanntschaften, die bei gewissen Anlässen oder um irgendeines Vorteils willen geknüpft wurden und uns nur insoweit verbinden. Bei der Freundschaft hingegen, von der ich spreche, verschmelzen zwei Seelen und gehen derart ineinander auf, dass sie die Naht nicht mehr finden, die sie einte.

-- Michel de Montaigne

Philía bezeichnet, im Gegensatz zu *Éros,* die Freundesliebe, die Liebe auf Gegenseitigkeit, die gegenseitige Anerkennung und das gegenseitige Verstehen. *Philia* basiert auf beiderseitigem Interesse, auf beiderseitigem Vergnügen und auf beiderseitiger Bewunderung. *Philia* (gegenseitige Liebe zwischen Freunden) ist in der antiken griechischen Literatur und Philosophie ein Zweig der Liebe, bei der die freundschaftliche Beziehung zwischen den Liebenden im Vordergrund steht. Sie wird von der erotischen Liebe (*Eros*) unterschieden, deren Hauptmerkmal das heftige Begehren des Liebenden ist. Die beste Art der Liebe zu einem Menschen ist diejenige, wenn wir mit diesen auf einer Veranda sitzen können, ohne ein Wort zu sprechen, aber wenn wir auseinandergehen, das Gefühl haben, die beste Konversation geführt zu haben, die wir jemals hatten. Schauen Sie dabei nicht auf Äußerlichkeiten, denn diese können täuschen. Richten Sie sich nicht nach Reichtum und machen Sie Beziehungen nicht davon abhängig, da dieser vergehen kann. Schauen Sie vielmehr nach jemanden, der Sie zum Lachen bringt, weil es nur eines Lächelns bedarf, um einen dunklen Tag hell erstrahlen zu lassen. Finden Sie denjenigen, der Ihr Herz zum Lachen bringt und es wird Ihnen vieles leichter fallen. Bedenken Sie dabei jedoch die Seite Ihrer Mitmenschen. Ziehen Sie die Schuhe anderer an. Wenn Sie meinen, dass Sie drücken, dann drücken sie wahrscheinlich auch andere. Die glücklichsten Menschen haben weder die schönsten noch besten Schuhe oder andere vermeintlich notwendige Dinge. Sie haben es nicht nötig das Beste von allem zu haben, da sie lediglich das Beste aus allem machen, was ihnen widerfährt.

Im Leben kommt es auf wahre Freunde an, welche es gut mit Ihnen meinen. Den Wert Ihrer Freunde sehen Sie gerade in schwierigen Lebensphasen und genau dann zählen diese für Sie mehr als alle anderen Dinge auf der Welt. Wenn Sie Ihren Vater, Ihrer Mutter und Ihren Geschwistern einen bestimmten Freund nicht empfehlen, so wird dieser auch für Sie nicht der richtige Freund sein, welcher auch in entscheidenden Situationen an Ihrer Seite steht. Sie könnten einwenden, integres Verhalten und der langjährige Charakter der bestehenden Beziehung könnten dennoch für die Freundschaft sprechen. Aber dieses integre und loyale Verhalten ist nicht mit Torheit, Dummheit oder Unvernunft gleichzusetzen. Loyales und integres Verhalten muss aufrichtig und ehrlich sein. Freundschaften beruhen auf ehrlichem, respektvollem Umgang und vor allem auf Gegenseitigkeit. Deshalb sollten jene Freunde eine Rolle in Ihrem Leben spielen, welche gute Absichten verfolgen und nicht schlechte und solche, welche die Welt zu einem besseren Platz für Ihre Mitmenschen und für Sie machen. Menschen, die den Entschluss fassen sich Freunde zu suchen, die ihnen gut tun, haben jedoch ebenso gute Absichten zu unterstellen und nicht lediglich die eigenen Interessen ins Auge zu fassen.

In meinen jungen Jahren hatte ich eine Vielzahl von Freunden. Darunter befanden sich sehr intelligente Weggefährten, welche trotz ihrer Klugheit zu Wutausbrüchen neigten, reizbar und notorisch schlecht gelaunt waren. Sah man sich die unterschiedlichen Freundeskreise an, so konnte man leicht auf „*Gruppenzwang*" schließen. Drogen spielten dabei natürlich eine Rolle und in wenigen Fällen kann damit in schwierigen Lebenslagen mitunter Linderung erzielt werden (beispielsweise mittels Hanfpflanzen). Aber in den meisten Fällen verbessern Menschen mit Alkohol und Drogen ihre Lage nicht und sie kommen dadurch mit zwielichtigen Leidensgenossen in Kontakt. Deshalb sollten Menschen, die es gut mit Ihnen meinen, Ihre Freunde sein. Sie ermutigen und unterstützen Sie, Ihre hochgesteckten Ziele zu erreichen und erinnern Sie daran, wenn Sie gerade vom richtigen Pfad abgekommen sind.

Menschen, die nur vorgeben Ihre Freunde zu sein, es in Wirklichkeit aber nicht sind, tun jedoch etwas ganz anderes und haben sich innerlich (wenn auch still und heimlich) bereits selbst aufgegeben. Solche Menschen wollen Sie nur runterziehen, um über ihre eigene (negative) Entwicklung hinwegzutäuschen. Ihr Fleiß, Ihre

Geradlinigkeit und Ihr angestrebter und erreichter Lebensweg machten sie neidisch und nicht selten führt dies zu niederträchtigen Störaktionen. Da kann es schon sein, dass diese vermeintlichen Freunde ihren Weggefährten nach erfolgreichem Drogenentzug wieder die eine oder andere Substanz vor die Nase „*jubeln*".

Woran liegt es jedoch, dass Menschen zumeist nie einen Schritt vorwärts tun und von irrtümlich angenommenen Freunden Abstand halten, um damit so ihr Leben zu verbessern? Häufig entscheiden sich Menschen mit geringem Selbstwertgefühl bei neuen Freundschaften genau für solche Bekanntschaften, welche bereits in der Vergangenheit zu ihrem Unglück beitrugen. Unterbewusst sind Menschen darauf programmiert, die Fehler der Vergangenheit zu wiederholen, da es keine Alternativen gibt, sie nicht glauben etwas Besseres zu verdienen oder sie versuchen erst gar nicht einen neuen Weg einzuschlagen. Wer aus vergangenen Ereignissen nichts lernt, ist dazu verdammt auch zukünftig von Unglücken nicht verschont zu bleiben. Das sind jedoch nicht die alleinigen Gründe um im falschen Freundeskreis zu landen. Frauen wie Männer suchen häufig auch jemanden, den sie retten können. Diese Menschen sehen aufgrund ihrer Naivität nicht, dass nicht jeder der hinfällt auch aufgerichtet werden möchte. Hilfs- und Opferbereitschaft und stets das Gute im Menschen zu suchen sind wahrlich edle Tugenden, allerdings vergessen wir dabei die dahinterstehenden Motive, welche uns in unserem Tun leiten. Frauen wie Männer scheinen Gefallen daran zu finden, neben einem unaufrichtigen Menschen besser auszusehen, als das im Lichte verantwortungsbewusster Zeitgenossen der Fall wäre. Deshalb ist es nicht einfach, sich mit positiven, aufrichtigen und ehrlichen Menschen zu umgeben. Es braucht Demut und Mut, um neben solchen Persönlichkeiten zu bestehen.

Dabei muss es sich jedoch nicht immer um Hilfestellungen handeln, welche Sie für andere tun möchten. Sie verkehren ganz einfach deshalb mit solchen Menschen, die Ihnen nicht gut tun, da es für Sie lediglich einfacher und unkomplizierter ist. Menschen aus ihrer Misere zu helfen, ist an und für sich eine gute Sache, aber wenn Sie leidgeplagten Zeitgenossen jegliche Einflussmöglichkeit auf ihre Situation absprechen, so tragen Sie keinen Deut zu einer besseren Lage für sie bei. Drogen und andere Süchte, Wut, Angst, Zorn, Betrug, Promiskuität und Hass sind Handlungsweisen, welche keiner Erklärung bedürfen. Aber alles Schlechte passiert den Menschen nicht immer von selbst. Es ist schwierig Menschen vor ihren Abgründen zu bewahren und noch viel schwieriger, sie aus diesen Abgründen herauszuziehen. Einmal hineingefallen, ist da zumeist nicht mehr viel zu machen. Menschen, die in ungesunden Freundschaften und Beziehungen verharren, tun das häufig nur deshalb, da sie nicht den nötigen Mut aufbringen zu gehen und alles hinter sich zu lassen. Menschen, die es gut mit Ihnen meinen, sollten die Menschen sein, mit welchen Sie sich anfreunden und umgeben.

Manche Menschen kommen aus einem behüteten Elternhaus und schöpfen daraus Kraft, Selbstsicherheit und Selbstbewusstsein. Andere wiederum haben eine weniger glückliche Kindheit und hatten nicht dieses geborgene und behütete Gefühl ihrer Eltern. Aber gerade deshalb schöpfen sie Kraft aus der Einsicht, dass man trotz widrigster Anfangsbedingungen erfolgreich und zufrieden leben kann. Diese Menschen sind gar nicht so selten anzutreffen, wie man glauben möge. So auch *Steve Jobs*, der sich über seine Familienverhältnisse mit der Zeit immer klarer wurde oder *Michelle Hunziker* und *Charlize Theron*, die mit einem alkoholkranken Elternteil aufwuchsen. Dennoch sollten Sie nicht böse gegenüber denjenigen sein, die nicht gut zu Ihnen waren. Niemand hat die Pflicht, Sie gut zu behandeln, außer Ihre Eltern und die Menschen, welche Sie großgezogen haben – auch wenn sie das nicht immer tun. Diejenigen, die gut zu Ihnen sind, sollten Sie schätzen und Ihnen dankbar dafür sein. Aber seien Sie auch vorsichtig, denn jeder hat ein Motiv für alle seine Handlungen. Wenn eine Person gut zu Ihnen ist, heißt das nicht, dass sie Sie wirklich mag. Deshalb sollten sie denjenigen nicht voreilig als einen echten Freund betrachten. Beim Thema *Freunde* und *Freundschaft* vergessen wir häufig wie sehr Worte verletzen können. Entschuldigungen können helfen, aber Wunden bleiben. Lassen Sie mich dazu folgende *Anekdote* schildern:

Es war einmal ein Junge mit einem sehr schwierigen Charakter. Sein Vater gab ihm einen Beutel voll mit Nägeln und bat ihn, jedes Mal genau dann einen Nagel in den Gartenzaun zu schlagen, wenn er seine Geduld verliert oder er mit jemandem in Streit geraten ist. Am ersten Tag schlug der Junge 42 Nägel in den Gartenzaun. In den folgenden Wochen lernte der Junge sich zu beherrschen und die Zahl der Nägel, die er in den Zaun schlug, wurde immer weniger. Der Junge merkte, dass es einfacher ist, sich zu beherrschen, als stumpfsinnig Nägel in den Zaun zu hämmern. Schließlich kam der Tag, an dem der Junge keinen einzigen Nagel mehr in den Gartenzaun schlug. Er ging zu seinem Vater und erklärte ihm, dass er heute keinen einzigen Nagel in den Gartenzaun einschlug. Da sagte sein Vater zu ihm, er soll jeden Tag wieder einen Nagel aus dem Zaun entfernen, an dem er seine Wesensart und sein Temperament erfolgreich unter Kontrolle halten kann. Viele Tage vergingen, bis der Junge seinem Vater erzählen konnte, dass er alle Nägel aus dem Zaun gezogen hat. Der Vater ging mit seinen Sohn zu dem Zaun und erklärte ihm: *„Mein Sohn, du hast dich in letzter Zeit gut benommen, aber schau, wie viele Löcher, du in dem Zaun hinterlassen hast."* <u>Es wird nie mehr das Gleiche sein.</u> Jedes Mal, wenn du Streit mit jemandem hast, im Zorn auseinandergehst und ihn beleidigst, bleiben Wunden wie diese Löcher, welche noch immer im Zaun sind.

Dies veranschaulicht uns, dass jedes Mal, wenn wir jemanden mit einem Messer „*stechen*" und es wieder herausziehen, eine Wunde bleibt. Ganz egal, wie häufig wir uns entschuldigen und wie sehr es uns leid tut, die Wunde wird bleiben. Eine Wunde, welche durch Worte oder auch unser Verhalten erzeugt wird, tut genauso weh, wie eine körperliche Wunde. Sagen Sie sich, dass Freunde wie Juwelen sind, die Ihr Leben bereichern. Sie machen

Sie glücklich und unterstützen Sie in schwierigen wie in guten Zeiten. Freunde haben ein offenes Ohr und sind bereit, Ihnen zuzuhören, wann immer Sie sie brauchen. Sie stehen hinter uns und öffnen ihr Herz für Ihre Anliegen. Zeigen Sie deshalb Ihren Freunden, wie sehr Sie sie gern haben. Ein gutes Zeichen für eine Freundschaft ist zu wissen, wem man ein Geheimnis anvertrauen kann. Geben Sie Ihren Freunden, aber auch anderen Menschen, mehr als sie erwarten. Lassen Sie eine große Freundschaft dabei nicht durch ein kleines Missverständnis zerstören. Jeder Mensch macht Fehler. Wenn Sie glauben, einen Fehler gemacht zu haben, dann korrigieren Sie ihn sofort wieder. Tun Sie Ihren Freunden und auch anderen kein Unrecht. Sprechen Sie stets langsam, denken Sie jedoch schnell und wenn Sie verlieren, dann lernen Sie daraus etwas. Zwischen den Zeilen zu lesen, hilft dabei. Wenn Sie „*Entschuldigung*" sagen, dann schauen Sie in die Augen des anderen und wenn Sie sagen: „*Ich liebe dich*", dann meinen Sie es auch so.

Zwischenmenschliche Beziehungen und Geltungskraft

Kein besseres Heilmittel gibt es im Leid als eines edlen Freundes Zuspruch.

– Euripides

Spät aber doch gewinnen viele Menschen die Einsicht, dass sich unsere *Leistungsgesellschaft* immer schneller *„dreht"* und manche sind auch soweit rechtzeitig die *Reißleine* zu ziehen, um ungünstige, ja mitunter sogar gefährliche Entwicklungen, abzuwenden. In der Tat, vorzeitig abzusteigen und einen anderen Weg einzuschlagen, fällt vielen nicht leicht – zu wissen, dass Ansehen, Erfolg und Ruhm vergänglich sind, hilft jedoch dabei. Glanz, Ansehen und Einfluss, Äußerlichkeiten, Renommee und Status, all das ist unbedeutend, wenn Sie einmal den Absprung geschafft haben und Sie sich nicht immer wieder zu neuen *„Höhen"* ringen und nicht die nächste Herausforderung anstreben müssen, nur um Ihren Zeitgenossen zu *„zeigen"*, wie gut Sie sind und was Sie nicht wieder alles geschafft haben. Dieses *„Imponiergehabe"* können Sie getrost ablegen und so Gefahren besser überstehen, welche unsere heutige Gesellschaft mit sich bringt. Es mag Überwindung kosten, aber treffen Sie eine Wahl und bereuen Sie es nicht – schauen Sie nicht zurück, sondern nach vorne.

Wie finden wir zu mehr *Sinn* in diesem unserem *Leistungskarussell*, wenn die Angst immer größer wird, die Arbeit weg ist, die einschlägigen Ressourcen schon vor Krisen wie Pandemien, Kriegen, negativen Wirtschaftsentwicklungen und anderen Unheilsbringern knapp geworden sind? Viele Menschen beziehen den gesamten *Lebenssinn* aus der Arbeit – bricht diese weg, fragt man sich, was nun. *Viktor Frankl* mahnte, den *Sinn* stets auch im Schlimmsten zu suchen und er selbst holte aus dem Schrecklichsten noch *Sinn* hervor – aus seiner Einkerkerung und Quälung im Konzentrationslager. Er sagte, dass diejenigen, die noch einen Funken Hoffnung in diesen Lagern hatten, auch die waren, die tatsächlich länger gelebt hatten. Dies ist zu einem Gutteil darauf zurückzuführen, dass diese Menschen immer noch in der größten Hölle einen *Sinn* gesehen haben. Der *Sinn des Lebens* ist nach *Frankl* eine 3-Gliederung. *(I)* Eine große Aufgabe, die Sie erfüllt (beispielsweise die Imkerei, Musik, Kochen oder Essen, ein Unternehmen, die Medizin oder ähnliche „*Unterfangen*" und etwas, das Sie mit großer Leidenschaft und Liebe ausfüllt) oder *(II)* eine starke innige Beziehung zu einem Menschen oder *(III)* es gilt einen Schicksalsschlag zu überwinden. Spätestens an dieser Stelle ist der *Sinn des Lebens* da, denn von nun an ist man gezwungen sich mit dieser Frage auseinanderzusetzen.

Dies führt uns wieder zurück auf die Wichtigkeit des zwischenmenschlichen *Seins*, denn dieses ist sowohl für große *Aufgaben* und innige *Beziehungen* vonnöten. Dazu gehört der Wunsch nach Anerkennung – sprich bedeutend zu sein. Für ein glückliches Leben benötigt man genau genommen nicht viel. Schlaf, Nahrung und ähnliche grundlegende Bedürfnisse. Den Wunsch nach Geltung kann man hier hinzuzählen. Er wird jedoch in den seltensten Fällen erfüllt. Jene Menschen, die Ihren Zeitgenossen diesen Wunsch erfüllen, sind selten anzutreffen. Es sind zumeist diejenigen, welche ein gutes Verständnis vom Wesen des Verlangens der Menschen haben. Deshalb sollten Sie im Umgang mit Menschen nicht kritisieren, verurteilen oder klagen. Wenn Sie schon Fehler aufzeigen müssen, so machen Sie den andern nur auf indirekte Weise auf Fehler aufmerksam. Dabei ist es von Vorteil zuerst von Ihren eigenen Fehlern zu sprechen, ehe Sie Kritik an anderen üben. Wenn Sie an kritischen Äußerungen nicht umhinkommen, so üben Sie sich eher im Erteilen von Vorschlägen, anstatt Befehle von sich zu geben. So ermöglichen Sie Ihrem Gegenüber, das Gesicht zu wahren. Wecken Sie vielmehr Wünsche und geben Sie aufrichtige und ehrliche Anerkennung und loben Sie auch den geringsten Erfolg. Interessieren Sie sich dabei aufrichtig für Ihre Mitmenschen, lächeln Sie und sprechen Sie von Dingen, welche für diese interessant sind. Wenn Sie ein guter Zuhörer sind, so lassen Sie hauptsächlich den anderen sprechen, nennen Sie Mitmenschen beim Namen (gemeinhin das Schönste für jeden Menschen) und ermuntern Sie diese von sich selbst zu sprechen. Dies bringt Ihnen ebenso Wohlwollen entgegen und stärkt Ihre zwischenmenschlichen Beziehungen. Es ist ein leichtes, die Fehler anderer zu erkennen, aber es gibt Ihren Freunden und sich selbst ein besseres Gefühl, wenn Sie sich auf deren positiven Eigenschaften fokussieren und ihre Leistungen hervorheben – das schafft wahre und zuverlässige Freunde. Wenn Sie wollen, dass jemand Sie mag, dann ist es am einfachsten, wenn Sie zuerst diese Person mögen. Zuneigung gewinnen Sie am besten, wenn Sie diese frei und vorbehaltslos verschenken. Knüpfen Sie Bedingungen an Ihre zwischenmenschlichen Beziehungen oder erwarten Sie davon Vorteile, so werden Ihre Freunde dies spüren. Freunde fürs Leben gewinnen Sie, wenn Ihnen an diesen wirklich etwas liegt und Ihre Handlungen dies auch zeigen. Die Kehrseite dieses Umgangs mit Menschen sind *Zorn*, *Groll*, *Wut* und *Bosheit*. Dies führt zu zwischenmenschlichen Auseinandersetzungen (das ist gar nicht so selten der Fall – die Vielzahl der gesetzlichen Bestimmungen, nur um Menschen auseinanderzuhalten, bestätigen dies), an deren Ende zumeist Misstrauen, Unehrlichkeit und Niedertracht stehen. Die einzige Möglichkeit Konflikte, Spannungen und Streitigkeiten zu gewinnen, ist diese zu vermeiden. Das fällt leichter, wenn Sie die Meinung anderer achten, nicht ins Wort fallen und nicht sagen: „*Das sei falsch.*" Wenn Sie dazu entschlossen sind, im Einklang mit sich zu leben, so sollten Sie Ihre Zeit nicht damit vergeuden, sich mit persönlichen Auseinandersetzungen zu beschäftigen. Dazu gehört ebenso eigenes Unrecht einzugestehen und es ohne zögern aus der Welt zu schaffen. Das ist nicht immer leicht und zeigt sich in einer Gesellschaft, die voll von Menschen ist, die ein Vergnügen darin finden andere zu verletzen und habgierig und selbstsüchtig zu sein. Ob diese mit ihren Bemühungen Ihnen gegenüber Erfolg haben, hängt davon ab, wie Sie auf dieses destruktive Verhalten reagieren. Sie können nicht die Verhaltensweisen und Handlungen anderer kontrollieren, jedoch Ihre Reaktion darauf. Solange Sie es nicht erlauben, kann Ihnen niemand negative Emotionen (wie Zorn, Groll oder Wut) aufzwingen. Wenn Sie schon auf solche Menschen stoßen, so wissen Sie, dass diese Leute große Probleme mit sich selbst haben – und nicht weil Sie Ihnen irgendetwas getan haben. Helfen Sie hingegen anderen Menschen selbstlos, versetzen Sie sich in andere hinein und sehen die Dinge ehrlich vom Standpunkt des andern, bringen Verständnis auf und zeigen anderen, dass Sie eine gute Meinung von ihnen haben, so werden sie sich in der Regel entsprechend verhalten. Durch solche Handlungsweisen heben Sie sich von anderen immens ab, da Sie Mitmenschen Gelegenheiten geben „ja" zu sagen und Sie dadurch den Wünschen und Vorschlägen Ihrer Mitmenschen Ihr Wohlwollen entgegenbringen.

Nun, wenn Sie sich an diese Grundsätze halten, so werden daraus innigere *zwischenmenschliche Beziehungen* hervorgehen, aber vergessen Sie dabei nicht: Ihre *wahren Freunde* werden Sie erst dann erkennen, wenn Sie in Schwierigkeiten geraten und Sie auf die Hilfe anderer, auf ihre Integrität, ihr Wohlwollen und ihre Loyalität angewiesen sind. Sie werden schnell feststellen, wer Ihr wirklicher Freund ist, indem Sie ihn einfach um Hilfe bitten. Deshalb macht es *Sinn* zu begreifen, dass jeder einmal in eine ähnliche Lage geraten könnte.

Ziele, Optimismus und Freude

Jede Freude ist ein Gewinn und bleibt es, auch wenn er noch so klein ist.

– Robert Browning

Als *Pygmalion-Effekt* wird bezeichnet, wenn sich eine vorweggenommene positive Einschätzung einer Person durch eine andere Person im späteren Verlauf bestätigt. 1965 wiesen *Robert Rosenthal* und *Lenore F. Jacobson* experimentell nach, dass ein Lehrer, dem gesagt wird, einige Schüler seien außerordentlich begabt, dieser die Schüler in der Folge unbewusst so fördert, dass sie am Ende des Schuljahres tatsächlich ihre Leistungen steigern können. In dem Experiment hatten an die 50 Prozent der Kinder, lediglich aufgrund der höheren Erwartungen, welche die Lehrer in sie steckten, einen höheren Intelligenzquotienten im zweistelligen Bereich zu verzeichnen. *Robert Rosenthal* bezeichnete den *Pygmalion-Effekt* auch als *„selbsterfüllende Prophezeiung"*. Ein Grund, warum mit Angst und Furcht vorgebrachte Bitten und Gebete, zumeist negative Begleiterscheinungen mit sich bringen. Ihr *geistig-seelischer* Zustand bessert sich vielmehr dann, wenn Sie positivere Formulierungen wählen (daher mit Überlegung zu bitten; beispielsweise um Zuversicht zu *gewinnen* und nicht um Hoffnungslosigkeit zu *verlieren*).

Sie können der Ansicht sein, dass nur positive Erwartungen zu besseren Ergebnissen führen. Aber was passiert, wenn sie es nicht tun? Sicherlich können wir nicht immer das bekommen, was wir wollen und wir bekommen oft nicht einmal das, was wir brauchen würden. Die Auffassung, dass niedrige Erwartungen uns vor Enttäuschungen schützen, wird auch als *„defensiver Pessimismus"* bezeichnet. Niedrige Erwartungen mindern nicht den Schmerz des Verlusts oder persönlichen Scheiterns. Negative Erwartungen führen jedoch nicht lediglich zu schlechteren Ergebnissen, sondern sie schützen uns auch nicht vor negativen Emotionen, wenn unerwünschte Ergebnisse in unser Leben treten. Dazu das folgende Beispiel von Susanne und Jenny.

Nach einem Schlaganfall finden sich die Frauen in einem Krankenhaus wieder. Beide haben eine ähnliche Diagnose und Ausgangslage ihres gesundheitlichen Zustandes und die Ärzte geben beiden die gleiche Prognose. Susanne glaubt fest daran, dass sie stark ist und sich mit ein wenig Mühe in kürzester Zeit erholen und zu ihrem Alltag zurückkehren wird. Jenny hingegen ist anderer Auffassung und überzeugt, dass mit einer negativen Entwicklung ihres weiteren gesundheitlichen Verlaufs zu rechnen ist. Die beiden Frauen haben unterschiedliche Erwartungen, aber es gibt keine hinreichend genauen Anhaltspunkte für ihre verschiedenen Auffassungen. Es gibt keinen objektiven Grund zur Annahme, warum sich Susanne schnell erholen und Jennys Leben früher enden wird. Es ist jedoch sehr wahrscheinlich, dass ihre Vorhersagen das Ergebnis ihrer Heilungschancen beeinflusst, indem sie ihr Verhalten ändern und sich so gemäß ihrer Erwartungen entsprechend *„selbst erfüllen"*. Susanne ergreift mit größerer Wahrscheinlichkeit Maßnahmen, die zu ihrer erwarteten Genesung führen (Rehamaßnahmen, gesundes Essen, Bewegung usw.). Jenny, die erwartet, dass ihr Leben bald vorbei ist, wird weniger motiviert sein, dies zu tun. Es ist wahrscheinlicher, dass sie einen Rückfall erleidet, was möglicherweise dazu führt, dass ihr gesundheitlicher Zustand einen weniger glanzvollen Weg beschreitet. Tatsächlich sterben Menschen wie Jenny, die auf gesundheitliche Beschwerden mit passiver Akzeptanz reagieren, früher. Das Ergebnis ist, dass *Optimisten länger leben*. Es scheint, dass eine pessimistische Einstellung das Risikoverhalten fördert, da Pessimisten eher dazu neigen zu glauben, ohnehin nicht viel zu verlieren. Optimisten stellen sich hingegen eine großartige Zukunft vor, voller Elan und positiver Erwartungen. Sie erhoffen sich, dass sich ihr Leben immer zum Guten wenden wird, sehen guten Beziehungen entgegen und erwarten gesund und glücklich zu sein. Da Optimisten voller Zuversicht sind, es besser machen wollen und gesünder in die Zukunft blicken, haben sie weniger subjektive Gründe sich Sorgen zu machen und Zweifel zu hegen. Infolgedessen sind sie weniger ängstlich und passen sich besser an Stressfaktoren wie Scheidungen, Beziehungsbrüchen, enttäuschten Freundschaften oder gesundheitlichen Beschwerden an.

Diese Anpassungen und Bedeutungen, welche wir den Vorkommnissen in unserem Leben geben, sind es, die unsere Gefühle, Empfindungen und Emotionen in Bezug auf diese bestimmen – und weniger die Vorkommnisse selbst. Nehmen Sie beispielsweise an, Ihr Partner hätte sich von Ihnen getrennt. Auf den ersten Blick kein freudiges Ereignis, denn Sie könnten glauben, Sie seien beziehungsunfähig – auch wenn Sie einen neuen Partner finden würden, es würde dennoch nicht halten. Oder aber Sie denken Sie seien nicht attraktiv genug, sodass ebenso die nächste Beziehung langfristig nicht hält. Nichtsdestotrotz würde gleichermaßen die Möglichkeit bestehen, diese den Anschein nach ungünstige Begebenheit als Chance zu begreifen, aus Ihren Fehlern der vorangegangenen Beziehung zu lernen und durch die erfahrene Trennung einen liebenswerteren Partner zu finden, welcher Sie so liebt wie Sie sind. Sie wissen, dass es sowieso nicht der Richtige sein kann, wenn er nicht zu Ihnen passt. Dies zeigt, es hängt alles rein von Ihren inneren Überzeugungen und Einstellungen ab, wie Sie die Dinge sehen.

Die angeführten unangenehmen Vorkommnisse mögen Unzufriedenheit verursachen, aber dennoch kann es hilfreich sein, sich daraus einfach nichts zu machen oder diese sogar lächelnd hinzunehmen. Es zeigt sich, dass dies eine der besten Möglichkeiten ist, Schwierigkeiten den *Wind aus den Segeln zu nehmen* und dadurch gelassener und glücklicher zu werden. Sicherlich möge man denken, jemand der sich in schwierigen Situationen befindet, dessen Gemüt voller Zweifel und angespannt ist, der wird doch nicht einfach so ein Lächeln über sein Gesicht zaubern. Gerade das ist jedoch die Ursache dafür, warum diese Menschen ängstlich, angespannt und besorgt sind. *Lachen* hilft schlichtweg sich weniger gestresst und wohler zu fühlen. So kommen Sie mit Ihren Problemen besser zurecht und schneller zu profunden Lösungsmöglichkeiten. Über wie viele Dinge im Leben haben wir uns nicht schon aufgeregt und den Kopf zerbrochen, über die wir später wieder lachten. Sie werden sehen, dass in 365 Tagen Ihre Stimmungslage wieder eine andere sein wird. Deshalb: *Lachen* Sie, auch wenn Ihnen nicht danach ist, denn wenn Sie lächeln, geht es Ihnen besser. Das alles fällt Ihnen leichter, wenn Sie sich darüber bewusst sind, *(I)* sich *nicht* über Belanglosigkeiten, Unwichtigkeiten und Kleinigkeiten *aufzuregen* und *(II)* die *meisten Dinge* des Lebens nun mal Belanglosigkeiten, Unwichtigkeiten und Kleinigkeiten sind.

Folge deinem Herzen und deinen Leidenschaften

Manchmal muss man einfach dem Herzen folgen und die Dinge geschehen lassen.

– Unbekannt

Einleitend zu diesem Abschnitt möchte ich Ihnen sagen, dass es wert ist, seine *Eltern* wirklich zu schätzen und innigst zu lieben – sofern sie noch unter Ihnen sind. Niemand wird Sie jemals so sehr lieben wie Ihre Eltern, obwohl wir das zumeist vergessen oder erst merken, wenn es bereits zu spät ist. Zweifellos sind Eltern nicht frei von Fehlern und manche von ihnen machen auch viele, wenn sie Ihnen beim Erwachsenwerden helfen. Aber die meisten geben sich selbstlos hin und leisten auch die beste Arbeit, die sie können, um Sie großzuziehen. Ihre Eltern haben auch weit mehr Opfer in Ihrem Namen gebracht, als Sie jemals wirklich wissen werden. Vergeben Sie ihnen deshalb ihre Fehler und Unvollkommenheiten und lieben Sie sie voll und ganz. Wertschätzen und ehren Sie Ihre Eltern, solange Sie können, denn die einfache Wahrheit ist, dass Sie sie nicht immer bei Ihnen haben werden, wenn Sie auf Ihrem weiteren Lebensweg voranschreiten.

Meine Botschaft richtet sich aber nicht lediglich an die Liebe zu den Eltern, sondern soll Ihnen auch verdeutlichen, dass die absolute Bedeutung der Liebe als Haupttugend für die Pflege und Kultivierung von zwischenmenschlichen Beziehungen einen wichtigen Stellenwert in Ihrem Leben einnehmen sollte. Ich glaube nicht, dass es im Leben etwas Wichtigeres gibt als *Liebe*. Ich spreche hier nicht von der romantischen Liebe oder „*Eros*", welche ein wunderbarer Zustand sein kann, aber auch ein zweischneidiges Schwert ist und dazu neigt, mit der Zeit zu verblassen. Ich spreche vielmehr von Liebe als *Fürsorge* und *Mitgefühl*, die durch Empathie und Wertschätzung aktiv aus unserem Herzen zu anderen Menschen und Lebewesen fließt. Diese Art der Liebe muss nicht mit der Zeit verblassen, sondern kann unser ganzes Leben lang weiter wachsen, wenn wir sie bewusst pflegen. Folgen wir unserem Herzen aus tiefster Überzeugung, werden wir in den Fluss der Liebe hineingezogen. Liebe ist aber auch eine Tugend, die wir in unserem Leben bewusst auf immer höheren Ebenen entwickeln können. Solche Bemühungen sind es wert, unternommen zu werden, denn nichts bereichert, lehrt und macht das Leben lohnender als die Entwicklung unserer Liebesfähigkeit. Bei der Pflege der *Liebe* im Leben eines

Menschen lässt sich feststellen, dass es wichtig ist, *drei* andere verwandte *Tugenden* zu praktizieren.

Zum einen die <u>*Großzügigkeit*</u>. Es wäre schwierig, den Wert der Großzügigkeit treffend zu beschreiben. Die Tugend der Großzügigkeit gilt nicht lediglich für das Geben von Geld, sondern in erster Linie für das Geschenk von uns selbst an andere – unsere Zeit und unseren Dienst an anderen. Wahre Großzügigkeit sollte nicht als eine Art Selbstaufopferung betrachtet werden, bei der das, was wir anderen geben, auf eigene Kosten erfolgt – der Gewinn anderer ist unser Verlust. Es ist vielmehr eine Erweiterung der Liebe aus unserem eigenen Herzen, die echte Freude am Gedeihen anderer Menschen hat. Ein reger Austausch mit guten Freunden ist dem eigenen geistig-seelischen Zustand und Ihrer Gesundheit dienlicher als jedmöglicher materieller Besitz. *Großzügigkeit* und *Rücksichtnahme* sind in sinnerfüllten Beziehungen folglich wichtiger als Geld. Auch hier gilt: Jener mit wenig Besitz, der wenig gibt, kann großzügiger als ein wohlhabender Mensch sein, der im Übermaß und noch so viel von seinen Besitztümern gibt. Dabei sollten Sie daran denken, dass manche Menschen in ihrem Leben der Großzügigkeit mehr Raum geben und andere Besitztümern. In *sinnerfüllten* Beziehungen ist ersteres (*Großzügigkeit*) wichtiger, weshalb Sie solche Partnerschaften mehr wertschätzen sollten.

Eine weitere Tugend der Liebe betrifft die <u>*Vergebung*</u>. Nichts stoppt den Fluss der Liebe schneller in unserem Leben als die verschiedenen Urteile, die wir gegenüber unserer Familie, unserem Partner, Freunden und anderen fällen. Missstände, die wir in unseren Gedanken und in unserem Denken gegenüber anderen Menschen eitern lassen, sind die Saat negativer Gefühle und tragen das ihre zu mangelnden liebevollen Beziehungen bei. Was wir nicht vollständig verstehen, ist, wie sehr wir uns mit unseren Urteilen und Beschwerden selbst schaden. Denn würden wir verstehen, würden wir aufhören, uns ihnen hinzugeben. Glücklicherweise gibt es eine Tugend, die wir praktizieren können, um sie aus unserem Geist zu verbannen – nämlich die *Vergebung*. Vergebung zu üben ist jedoch nicht einfach. Unser Anspruch „*richtig*" zu liegen, ist sehr stark in uns verankert und dies erfordert normalerweise, dass wir andere negativ oder „*falsch*" beurteilen und daher nicht wirklich verzeihen. Vergebung bedeutet einfach, unseren Groll und unsere Wut gegenüber anderen aufzugeben (wenn wir anderen vergeben, machen wir häufig auch den Fehler zu glauben, dass wir schädliches Verhalten dulden). Es bedeutet nicht, unsere Werte und unsere Ethik aufzugeben. Wenn wir anderen vergeben, befreien wir uns von der Vergangenheit und lassen unser Herz vollständig im gegenwärtigen Moment sein. So entsteht Zuneigung und ein inniges Gefühl der Liebe gegenüber anderen Menschen.

<u>*Dankbarkeit*</u> ist eine weitere verwandte *Tugend* der Liebe. Am Leben zu sein ist absolut außergewöhnlich und es gibt unendlich viele Dinge, für die man dankbar sein kann. Sie können versuchen sich in Dankbarkeit zu üben und sich jeden Tag ein paar Minuten Zeit nehmen, um in aller Stille und Ruhe die Menschen zu schätzen, die Sie lieben.

Sie können in Ihrem Herzen Dankbarkeit für die vielen wunderbaren Dinge ausdrücken, die Ihr Leben mit Freude erfüllen. Eine weitere wichtige Perle der Weisheit betrifft die Tatsache, dass das Leben kürzer ist, als viele glauben und der Tod für uns alle unumgänglich zum Leben gehört. Es fällt immer schwer von geliebten Menschen Abschied zu nehmen. Dabei ist es uns jedoch bestimmt, dass wir Menschen verlieren die wir lieben – woher sollten wir sonst wissen, wie wichtig sie für uns sind. Es ist wahr, dass niemand von uns lebend hier rauskommt. Diese grundlegende existenzielle Wahrheit gilt es niemals zu vergessen und wir sollten dankbar für jeden uns gegebenen Augenblick sein.

Deshalb sollten wir uns verpflichten, unserem Herzen zu folgen und das tun, was wir am meisten lieben und was wir am meisten im Leben tun wollen. Warum? Das Leben gilt es zu leben, da der Tod für uns alle real und unvermeidlich ist. Wie konkret kann solch ein Leben aussehen, vor dem Hintergrund, dass der Tod für uns alle letztendlich unvermeidbar ist? Auf diese Frage muss jeder Mensch seine eigenen Antworten finden und entsprechende Entscheidungen treffen. Wenngleich sie auch für den einen klarer und für den anderen weniger klar erscheinen mögen, gilt es das Leben zu führen, welches Sie haben wollen und das Sie sich wünschen. Diese Entscheidungen können sich für Ihre Eltern, Mitmenschen und viele Ihrer Freunde als ärgerlich erweisen. Bedenken Sie jedoch, solange diese aus Ihrem Herzen kommen, können sie dennoch die absolut richtigen Entscheidungen für Sie sein. Wenn Sie vor einer *Weggabelung* stehen und sich in neue Richtungen begeben möchten, ist es unbedingt erforderlich, dass Sie sich fragen, was Sie wirklich am meisten interessiert und was Ihre tiefsten Leidenschaften sind. Für was brennt Ihr Herz und was würden Sie tun, wenn Sie alle notwendigen Mittel zur Verfügung hätten? Ihr tiefstes Inneres, Ihr Herz, kennt die Antworten auf diese Fragen. Es flüstert Ihnen ganz leise und in diesem Moment zu, während Ihre Gedanken vor sich hin schweifen. Also denken Sie an diese Worte und nehmen Sie die Abzweigung, welche Sie bereits in Ihrem innersten Herzen tragen. Seinem Herzen zu folgen, wird immer Ihr bester Führer im Leben und auch abseits davon sein. Es gibt *zwei wichtige Grundsätze*, wenn Sie Ihrem Herzen folgen und Ihr Leben darauf ausrichten.

Der *erste* Grundsatz, um Ihrem Herzen erfolgreich zu folgen, ist, dass Sie lernen müssen, mit *Angst* umzugehen. Es ist die Angst, welche die meisten Menschen daran hindert, ihr volles Potenzial im Leben auszuschöpfen. Diese Angst kann vielfältig sein und betrifft das Scheitern, Angst vor Ablehnung von Menschen, die uns etwas bedeuten, Angst, dass wir einfach nicht gut genug sind, Angst vor Versagen und manchmal sogar Angst vor unserer eigenen potenziellen Größe (wir schöpfen unser inneres Potenzial folglich nicht vollständig aus). Die Angst um sich herum müssen Sie selbst überwinden. Die vorliegenden Zeilen dieses Buchs können Ihnen aber helfen, Angst als etwas zu verstehen, das Sie lernen müssen, eigenständig zu meistern. Mut ist für die überwiegende Anzahl der Menschen die wichtigste Strategie, um zu lernen, Angst zu überwinden und wir sollten auf jeden Fall so viel Mut entwickeln, wie wir nur können. Aber vergessen Sie nicht: Bei Mut kann es sich ebenso um versteckte Angst handeln. Das Beste, das Sie gegen Angst tun können, ist, zur Erkenntnis zu gelangen, dass Sie Angst aus dem Nichts in Ihrem Kopf kreieren. Die Angst existiert nicht wirklich außerhalb Ihrer Seele. Angst ist in erster Linie eine Schöpfung Ihrer Vorstellung, die zumeist nicht real ist. Sie erschaffen diese in Ihrem Kopf und dort können Sie diese auch auflösen. Also sind Sie fähig einen Weg zu finden und zu lernen, sich von Ängsten zu lösen, wenn Sie wirklich frei im Leben sein und mit Ihrem Herzen in Verbindung bleiben wollen. *Zweitens* müssen wir unsere *Selbstbewusstseins-Fähigkeiten* entwickeln und stärken, damit wir wissen, wann wir unserem Herzen wirklich folgen und wann wir uns verirrt haben. Es ist tatsächlich einfacher als es sich anhört, denn wenn wir unserem Herzen wirklich folgen, werden wir in die tiefsten Leidenschaften unseres Lebens hineingezogen. Wir tun, was wir am meisten lieben und wir finden unser Leben voller Energie, Fülle, Wohlbefinden, Kreativität, Glück, Sinnhaftigkeit und Freude. Wir fühlen uns einfach lebendiger und schwimmen auf dem Fluss, den viele Menschen Leben nennen. Irgendwann kommt der Punkt, wo man Zweifel hegt und sich fragt, ob man denn immer noch seinem Herzen folgt? Denken Sie dabei an die zuvor erläuterten Worte (Energie, Fülle, Wohlbefinden, Kreativität, Glück, Sinnhaftigkeit, Freude). Wenn Sie das nicht mehr verspüren und sich ein Gefühl der Leere breitmacht, sind Sie aus dem Fluss des Lebens herausgetreten und treiben einfach weiter. Dabei sind verminderte Energie, mangelnde Kreativität und kein wirklicher *Sinn* erkennbar. Sie spüren auch kein Gefühl tiefer Leidenschaften und sind nicht besonders glücklich. Aber auch hier tut sich wieder eine *Weggabelung* auf und es gibt mögliche Lösungen. Bringen Sie Körper und Geist in Einklang und verbinden Sie sich mit Ihrem Herzen. Solange Sie leben, gibt es eine offene Tür. Sie können in jedem Moment den Weg Ihres Herzens frei wählen und es hört nie auf, Ihnen zuzuflüstern, einen *Sinn* zu geben und Hilfestellungen zu bieten.

Wenn Sie Ihrem Herzen und Ihren Leidenschaften folgen, vergessen Sie dabei eines nicht: Das Leben hat viele, viele Schwierigkeiten und Herausforderungen. Es ist nicht einfach und keiner besitzt den Schlüssel zur allgemeingültigen Weisheit. Wir alle erleben enttäuschte Erwartungen, Verluste, Ungerechtigkeiten, Frustrationen, Einsamkeit sowie auch unvermeidliche Krankheiten, Alterung und schließlich dem Tod ausgesetzt zu sein. Eines der besten Mittel, um mit Schwierigkeiten und Herausforderungen umzugehen, besteht darin, sie als Chancen zu begreifen, die uns helfen zu wachsen. Erkennen Sie darin eine Lektion für Ihr Leben und Lehren, die Ihnen präsentiert werden, um ein Stück weiter zu gehen als bisher. Ihr Leben ist da, um es zu leben und es bringt Sie kein bisschen weiter, wenn Sie sich als Opfer von Umständen oder anderer Menschen sehen. Selbstmitleid ist eine bemerkenswert selbstzerstörerische Emotion, an deren Beseitigung Sie bewusst arbeiten sollten, weil es Sie entmachtet und Sie davon abhält, Ihrem Herzen zu folgen.

Durch erlangte Erfahrungen, Weisheiten und bedachtes Vorgehen können Sie enttäuschte Erwartungen, Verluste, Ungerechtigkeiten und Frustrationen im Vorfeld vermeiden. Negativ ausgelöste Emotionen resultieren zumeist aus persönlichen Auseinandersetzungen und schließen ganz unterschiedliche Lebensbereiche ein – Liebe, finanzielle Angelegenheiten und mangelndes integres Verhalten. Gänzlich negative Begleitumstände werden Ihnen dennoch nicht erspart bleiben. Auch wenn Sie für die Missgeschicke, welche Ihnen widerfahren, nicht immer selbst schuld sind, so können Sie innehalten und einfache Regeln auf alles anwenden, was Sie sagen, schreiben oder tun. Was bedeutet das konkret? Bei Ihrem Tun, Handeln, Ihrer schriftlichen und mündlichen Kommunikation können Sie sich stets fragen, wie wird dies zu meinem Lebensziel beitragen oder etwa die Erfüllung meines tieferen Lebenszwecks beeinträchtigen. Eine gute Übung dazu kann einschließen, wie Sie sich fühlen würden, wenn diese oder jene Handlung auf der Titelseite einer weitverbreiteten Tageszeitung abgedruckt wäre. Wenn Sie sich bei Ihren Handlungen dann immer noch gut fühlen würden, wenn jeder davon weiß und sich diese mit Ihren moralischen Wertansprüchen decken, dann ist es zumeist in Ordnung. Wenn Sie sich jedoch dabei schlecht fühlen oder schämen würden, so besteht mitunter ein Grund, dass Sie nicht mit sich im Reinen sind und etwas zu ändern haben (das bedeutet jedoch nicht, sich dem Denken anderer Menschen zu beugen). In einer Welt voller „*Fake-News*" und anderer Unwahrheiten ist es von Vorteil zu wissen, dass sich die Wahrheit immer einen

Weg sucht, um ans Licht zu kommen. Noch weiter geht, andere Menschen schlechtzumachen oder herabzuwürdigen. Wenn an Menschen Rufmord begangen wird und diese desavouiert werden, so führt dies dazu, dass man Menschen ihrer Freiheit beraubt, da sie nicht zu Recht offenkundig angeklagt werden. Die moderne Wissenschaft ermöglicht es heutzutage zu messen, dass der Lügende tief zerrissen ist und sich selbst so erheblichen Schaden zufügt. Derjenige, der lügt und die Unwahrheit sagt, tut sich selbst nichts Gutes, da er weiß, dass er lügt und dieser innere Schaden ferner durch Hautveränderungen und andere Absonderungen gut messbar ist (denken wir hier an die Messungen mit Lügendetektoren).

Umstände, welche außerhalb Ihres Einflussbereichs liegen, können ebenso Herausforderungen für Sie bedeuten. Oft war ich selbst versucht, mich über Ungerechtigkeiten oder misslungene Vorhaben zu ärgern. Selbstmitleid ist zumeist eine Versuchung, mit der man dann zu kämpfen hat. Sie können immense Anstrengungen und eine Menge an persönlicher Wachstumsarbeit leisten (durch gläubige, spirituelle oder meditative Arbeit), um zu versuchen, die Lektionen, die das Leben für Sie bereithält, zu schätzen und zu verstehen. Das können sehr viele sein und nicht immer werden Sie alle augenblicklich verstehen. Eine sehr schwierige Lektion kann dabei sein, zu lernen einfach loszulassen und dem Prozess zu vertrauen, der gerade stattfindet, weil Sie diesen mit Sicherheit nicht immer kontrollieren oder stoppen können. Das kann sich nicht mit Ihrer natürlichen

Neigung decken, sich Herausforderungen sofort zu stellen oder Dinge auf der Stelle in Angriff zu nehmen – dennoch vermag es für Sie und Ihre Mitmenschen dienlicher sein, sich gegen Ihre innersten Leitmotive zu stellen. Eine weitere wichtige Botschaft ist zu lernen, dass viele Menschen wirklich da sind, die sich um Sie kümmern und Ihnen eine erstaunliche emotionale Unterstützung bieten können. Nicht jeder hat viele Freunde, einen großen Verwandten- oder Bekanntenkreis. Die entwickelte Welt verfügt jedoch über Institutionen und Organisationen, die in jeglichen Lebenslagen Hilfestellungen bieten. Wie, wo und wann Sie auch immer solche Unterstützungen erfahren, Sie sollten demütig und zutiefst dankbar dafür sein. Sie werden im Laufe Ihres Lebens immer wieder erkennen, wie wichtig es ist, mit Nachdenklichkeit und Sensibilität zu kommunizieren. Menschen erkennen oft zu spät in Ihrem Leben, dass Ihnen Ehrlichkeit und integres Verhalten auf den ersten Blick vielleicht schwer fällt – langfristig jedoch vieles einfacher macht. Ich kann mich an einen Hund in meiner Familie erinnern, dem wir viele Jahre lang ein Zuhause boten. Er hinterließ bei vielen von unseren Freunden und Bekannten nicht immer den besten Eindruck – da er sehr ehrlich und direkt seine Gefühle gegenüber Menschen zum Ausdruck brachte. Bot er Anstoß für Unmut, reagierte meine Mutter stets auf die gleiche Weise. Dabei sagte Sie immer: „*Kein Anlass zur Sorge, dieser Hund ist ein Wunder, das steht fest. Nur eben nicht die Art von Wunder, die man gerne sieht.*" Ich musste dabei lächeln, aber es zeigte mir, dass es besser ist die Wahrheit so zu sagen, wie wir diese durch unsere

Augen wahrnehmen – unabhängig davon, ob anderen dies missfällt und wie diese Wahrheit von anderen interpretiert wird. Leider gibt es viel zu wenig Ehrlichkeit, aber viel zu viele Täuschungen und Lügen auf dieser Welt. Das ist hinderlich für das gesellschaftliche als auch persönliche Vorankommen. In einer Welt, in der sich Unwahrheiten und „*Fake-News*" schnell verbreiten, zeigt sich, wie leicht es ist, Menschen in die Irre zu führen und bewusst falsch zu interpretieren. Eine nachlässige und gedankenlose Aussage kann aus dem Zusammenhang gerissen und immer wieder wiederholt werden. Soziale Medien, Influencer und konventionelle als auch digitale Medien tragen diese in Windeseile rund um den Globus hinaus. Rufen Sie sich daher in Erinnerung ein eigenes Bild der Realität zu zeichnen, Ihren eigenen Wertvorstellungen treu zu bleiben und folgen Sie Ihrem Herzen – das ist es, was letztlich zählt.

Liebe ist etwas (un-)beständiges auf dieser Welt

Es gibt weder Glück noch Unglück auf dieser Welt, es gibt nur den Vergleich einer Lage mit einer anderen, weiter nichts.

– Alexandre Dumas

Liebe und zu lieben ist nicht immer einfach. Liebt man zu stark und zu tief, besteht die Gefahr der Einengung und der darauffolgenden Enttäuschung bei Verlust. Liebt man zu freimütig und offen, engt dies zwar weniger ein, man ist jedoch ebenso angreifbar – es sind zumeist die Offenherzigen, die zwar geliebt, aber betrogen werden. Häufig stehen wir am Scheideweg, wo wir zweifeln und nicht weiter wissen – ist es der richtige Partner? Sollen wir es nochmals versuchen? Der einfachste Weg, um herauszufinden, was einen an einem Menschen liegt, ist Abschied von ihm zu nehmen. Bedenken Sie dabei, dass die Liebe nur ein vorübergehendes Gefühl ist und dieses Gefühl mit der Zeit, dem Gemüt und mit der Stimmung schwankt oder aber gänzlich verblasst. Wenn Ihr sogenannter geliebter Mensch Sie verlässt, seien Sie geduldig, die Zeit wird Ihre Schmerzen und Ihre Traurigkeit lindern und irgendwann wird kaum noch etwas davon übrig sein. Übertreiben Sie jedoch nicht die Schönheit und Süße der Liebe und übertreiben Sie nicht die Traurigkeit, wenn der Duft der Liebe wieder verblasst. *Niemand* ist *unverzichtbar* und es gibt *nichts* auf der Welt, was Sie *besitzen* müssen. Entledigen Sie sich all der unnötigen Sorgen, indem Sie sich der Tatsache bewusst werden, dass nichts und niemand es wert ist, mit Sorgen „*erobert*" zu werden. Entschließen Sie sich dazu, Ihre Angst vor Liebesverlust hinter sich zu lassen, wonach Sie, wenn es das Schicksal denn so will, auch ohne Partnerin bzw. Partner Ihr Leben leben. Dadurch werden Sie Gelassenheit, Seelenfrieden und innere Ruhe finden, welche Ihnen das Fundament für *wahres Glück* legen. Sobald Sie diese Grundsätze verstanden haben, fällt es Ihnen leichter, durchs Leben zu gehen, wenn die Menschen in Ihrer Umgebung Sie nicht mehr wollen oder wenn Sie verlieren, was oder wen Sie am meisten lieben.

Man muss kein begnadeter Hirnforscher sein, um zu wissen, dass uns die *Liebe* und das *Verliebtsein* glücklich machen. Wenn wir uns verlieben, entsteht ein euphorisches Gefühl in unserem Kopf, wonach wir diesen Empfindungen „*verfallen*" und danach süchtig werden können. *Wahre Glücksgefühle* entstehen jedoch langfristig – durch langsames wachsen. Auch wenn es das Schicksal nicht immer gut mit *Nietzsche, Mozart* und *Beethoven* meinte, durchliefen sie einen langsamen und langfristigen Wachstumsprozess, den sie auch auskosten konnten. Diese *Reife* ist es auch, die das langfristige Glück ausmacht. Viele Menschen vergessen dabei, dass Sie sich selbst über alles lieben sollten. Ihr Wert wird dabei nicht durch Ihr Aussehen, Gewicht, Lächeln oder durch eine andere Person in Ihrem Leben bestimmt. Sie müssen nicht klüger, souveräner, stärker oder hübscher sein als Sie sind. Warten Sie niemals auf jemanden, dass Sie sich „*vollständig*" fühlen – denn Sie sind es bereits. Sie sind gut genug, so wie Sie sind. Deshalb lieben Sie immer die Person, die Sie wirklich sind. Das heißt auch, dass Sie sich nicht ändern sollen, um irgendwo „*reinzupassen*". Seien Sie sich selbst treu, leben Sie Ihre eigenen Träume und seien Sie stolz auf das, was Sie einzigartig macht, anstatt den Druck zu spüren, der Menge zu folgen. Haben Sie Freunde, mit denen Sie sprechen und mit denen Sie in Kontakt treten können, aber achten Sie darauf, dass Sie sich nicht ändern, lediglich um einer bestimmten Gruppe von Menschen zu ähneln. Ihre Familie ist die Gruppe von Menschen, zu welcher eine besondere Form der Liebe besteht. Nur wenige Menschen in diesem Leben werden

Ihnen die bedingungslose Liebe und Unterstützung geben, welche Ihnen Ihre Familie bieten wird. Nun, es gibt zwei Arten von Familien, über die ich spreche. Die Familie, in die Sie hineingeboren wurden und die Familie, die Sie auswählen, um sie zu behalten – sprich Ihre engsten Freunde. Ob es sich bei Ihrer Familie um eine von Geburt oder Ihrer Wahl handelt, die Bindung besteht ewig. Investieren Sie in Ihre Freundschaften, denn diese Investitionen bleiben für immer bei Ihnen. Ihre wahren Freunde werden Sie trotz Ihrer Mängel und Unvollkommenheiten lieben und für Sie da sein. Sie werden Sie aufrichten und Ihnen beistehen, wenn Sie hinfallen oder das *Glück* gerade nicht an Ihrer Seite zu sein scheint.

Dabei zeigt sich, dass sich das *Glück* der Frauen im Gegensatz zu dem der Männer etwas unterscheidet. Frauen sind von Ihrem Naturell her eher dazu geneigt zu geben. Da sie die besseren Geber sind, macht ihnen Helfen und Schenken mehr Spaß und das macht sie zufriedener als „*Nehmer*". Frauen sind ebenso emotional reif genug, um mit den einhergehenden Veränderungen des Erwachsenenlebens besser zurechtzukommen. Sie sind auf Veränderung viel besser programmiert. Männer sind dazu veranlagt Kleinkinder zu bleiben – das kann jedoch ebenso Vorteile in sich bergen. Die meisten Männer als auch viele Frauen sind eher dazu geneigt, *Intimitäten* gegenüber geistig-seelischen Aspekten des Lebens und anderen Beschäftigungen vorzuziehen. Dennoch entsprechen geschlechtliche Handlungen nicht dem *wahren Glück*. Es verhält sich vielmehr ähnlich wie mit *Drogen- und Alkohol-abhängigen*. Dem subjektiven Empfinden nach würden sie natürlich Glück bei ihren *Exzessen* verspüren und auch die Ansicht vertreten, es mache sie glücklicher – auch wenn dem natürlich nicht so ist. *Sigmund Freud* sagte, dass die Libido das Wichtigste sei, um Glück zu erlangen. Es zeigt sich jedoch, dass es für das Wohlbefinden eines Menschen einträglicher sein kann, mit anderen Menschen auf sozialer und gesellschaftlicher Ebene in Kontakt zu treten und sich einfühlsam zu zeigen.

Und wie steht es mit der alten Weisheit, dass Kinder uns glücklich machen (welche zumeist sehr unter Scheidungen leiden)? Die subjektiven Einflüsse auf menschliche Verhaltensweisen zeigen sich ebenso in der Fortpflanzung zwischen Mann und Frau – anstatt sich dem Leben freudig hinzugeben, setzen wir Handlungen, welche nur dazu dienen, die Fortpflanzung seiner selbst sicherzustellen. Die meisten Menschen vertreten die Auffassung, dass Kinder für die Zufriedenheit ihres Lebens von essenzieller Bedeutung sind. Aber Studien zeichnen immer wieder ein genau gegenteiliges Bild. Nachkommen und Glück zeigen eine negative Korrelation. So enthüllt eine Studie von *Daniel Kahneman*, Träger des Nobelpreises der Wirtschaftswissenschaften, dass es kaum andere Aktivitäten, wie das Großziehen von Kindern, gibt, welche so wenig zu unserem Glücksempfinden beitragen. Sie können uns schlaflose Nächte bereiten, all die zeitlichen Aufwendungen die nötig sind, Jugendliche, die hassvolle Verhaltensweisen an den Tag legen und vieles mehr. Dennoch behaupten viele Eltern sie seien glücklich. Dies kann sich so erklären: Obwohl wir manchmal auf unser Leben zurückblicken und unsere Existenz würdigen, tun wir dies nicht ganz so häufig, wie wir denken. Unser Glück wird jedoch nicht in hohem Maße durch das Nachdenken über unser Leben beeinflusst, sondern durch die Flut von Gefühlen, die durch Handlungen und Interaktionen ständig in uns erzeugt werden. Gleichwohl sind es unsere innersten Wertvorstellungen und Grundsätze, welche darüber entscheiden, in was wir das *Wahre*, *Gute* und *Schöne* sehen. Wer dem *Leben* einen *Sinn* gibt („*Warum*"), kommt mit den sich bietenden Umständen viel einfacher zurecht („*Wie*"). Sehen wir Kinder als „*kleine Teufel*" oder als ein Leben, das wir mit Freude großziehen und dem wir eine Zukunft geben? Sie sehen, subjektive Empfindungen sind keine objektiven Maßstäbe für das *wahre Glück* und spannen uns häufig eine „*Finte*" vor den Wagen. Wiewohl die *Sinnhaftigkeit* des *Lebens* davon abhängen mag, wie gekonnt wir es verstehen, unserem noch so harten und mühevollen Leben einen *Sinn* einzuhauchen um damit Befriedigung zu schaffen – also dem eigenen Leben ein „*Warum*" zu geben. Demgegenüber steht das *sinnlose* Leben, das eine große *Bürde* darstellen kann, wenngleich es auch noch so schön und behaglich für einen sein mag.

Prinzip der Liebe

Wo Liebe ist und Weisheit, da ist weder Furcht noch Ungewissheit; wo Geduld und Demut, weder Zorn noch Aufregung; wo Armut und Freude, nicht Habsucht und Geiz; wo Ruhe und Besinnung, nicht Zerstreuung noch Haltlosigkeit.

– Franz von Assisi

Langfristige und stabile Beziehungen aufzubauen, mag in der heutigen Gesellschaft eine Herausforderung sein. Mit aufrichtigen, innigen und liebevollen Gedanken fällt dies viel leichter – und vor allem durch mehr Geben als Nehmen ziehen Sie liebevolle Beziehungen förmlich an. Wenn es ein *Geheimnis* der Liebe gibt, welches von den meisten Menschen nicht beachtet wird, dann das, dass dauerhafte, liebevolle Beziehungen aus dem freiwilligen, ohne an Bedingungen geknüpften *Geben* anstatt des *Nehmens* hervorgehen. Um Ihre wahre Liebe zu finden, gilt es jedoch in erster Linie einen Freund zu finden. Sprechen Sie dabei aktiv über Ihre Gefühle und befreien Sie sich von Furcht, Angst, Sorgen und vorschnellen Meinungen. Sich selbst und andere zu respektieren, ist ein erster Schritt seine Liebe zu erkennen. Man spürt dann dieses intensiv, leidenschaftliche Gefühl, alles für den anderen zu sein. Langfristig verbundene Leidenschaft entspringt jedoch nicht lediglich aus körperlicher Anziehung, sondern vielmehr aus Vertrauen, Freiraum, Interesse und Begeisterung für den anderen Menschen. Wenn Sie die wahre Liebe finden und leben wollen, so müssen Sie diese in Gedanken, Worten und Taten ausdrücken und sich dieser verpflichten. Dauerhafte wahre Liebe bemisst sich an der Intensität Ihrer Verbindlichkeit. Vergebung, das Wecken neuer Leidenschaften, offen, ehrlich und aufrichtig seine Gefühle zu kommunizieren und genügend Freiraum bewirken, auf dem steinigen Weg langfristiger Beziehungen sicheren Halt zu finden. Denn Liebe „*Eros*" ist in Liebesbeziehungen nicht beständig. Hat man aber sein „*Glück*" gefunden, so ist Glück in einer engagierten, langfristigen und nicht platonischen Beziehung definitiv möglich. Die hohe Anzahl gescheiterter Beziehungen bedeutet keineswegs zu glauben, dass die Ehe als Institution von Anfang an zum Scheitern verurteilt ist. Vielmehr sollen Ihnen die angeführten Schilderungen veranschaulichen, dass Liebe ein vorübergehendes Gefühl ist und dieses Gefühl mit der Zeit und der Stimmung verblassen wird. Wenn Ihr sogenannter geliebter Mensch Sie verlässt, seien Sie geduldig, die Zeit wird Ihre *Schmerzen* und Ihre *Traurigkeit* reinigen. Übertreiben Sie nicht die *Schönheit* und *Anmut* der *Liebe* und übertreiben Sie nicht die *Traurigkeit*, wenn Sie die *Liebe* verlieren. Dazu gehört auch etwas Glück. Denn Glück kann im Leben eines Menschen eine herausragende Rolle spielen. Menschen in verschiedensten Erdteilen nennen dies nicht unbedingt Glück, sondern vielleicht Glaube, Spiritualität, Gott, Karma oder Tao. Bislang ist es noch niemandem gelungen, dieses „*Unsichtbare*" vollumfänglich zu definieren. Sie können diese höhere Macht bzw. diesen Glauben für sich selbst festlegen. Halten Sie sich daran fest – nämlich im festen Glauben an sich selbst und auch im Vertrauen an eine höhere Macht. Ein tief verwurzelter Glaube ist dabei das Fundament eines glücklichen Lebens. Wo kein Glaube ist, da mangelt es an langfristig stabilen zwischenmenschlichen Beziehungen. Glaube führt zu Vertrauen und dieses wiederum zu Liebe, geistig-seelischer Zufriedenheit und inneren Frieden. Ein Ihnen entsprechender Glaube macht nicht nur frei, sondern befreit Sie von Furcht, Angst, Sorgen und Selbstzweifel. Man kann ein Fundament der Liebe nur dann legen, wenn Sie sich von diesen Ängsten, Sorgen und Meinungen lösen und liebevolle Gedanken wählen. Dennoch kann es manchmal zu „*Stürmen*" kommen, welche Ihr Leben erschüttern. Aber manche von diesen kommen nur, um den Weg freizumachen. Damit das besser gelingt, müssen wir lernen, unsere Emotionen und Gefühlsregungen *jetzt* auszudrücken und nicht erst dann, wenn es bereits zu spät ist. Keiner von uns weiß, wie lange wir noch haben und wenn es bereits zu spät ist. Sagen oder zeigen Sie den Menschen deshalb, was Sie für sie empfinden und dass Sie sie lieben.

Zusammenfassend

Gewonnen hat immer der, der lieben, dulden und verzeihen kann.

– Hermann Hesse

Die ewigen Geheimnisse der Liebe enthalten vielerlei hilfreiche Grundsätze, welche viel Gutes in Ihrem Leben bewirken können. Jedoch eines vorweg: Lassen Sie es sein, wenn Sie mit dem, was Sie gelesen haben, nicht einverstanden sind. Jeder Mensch ist anders. Die Welt, in der Sie aufgewachsen sind, wird Ihnen andere Möglichkeiten und Werte bieten als die, in welcher ich großgezogen wurde. Noch wichtiger ist, dass Sie am besten lernen, wenn Sie mit jemandem nicht einverstanden und dann gezwungen sind, selbst eine Lösung zu finden oder diese zu erarbeiten. Alles was Ihnen widerfährt hat eine andere Seite. Weisheit ist dabei die Fähigkeit, beide Seiten näher zu begutachten und auf Basis dessen angemessen abzuwägen und zu erkennen, die Dinge aus mehreren Perspektiven zu sehen: So wie *du* sie siehst, so wie *ich* sie sehe und so, wie wir *beide* sie nicht sehen. Die wichtigste Entscheidung, die Sie in Ihrem Leben treffen können, ist sich das Glück langfristig zu sichern und dazu gehört sein Augenmerk auf die langfristige *Perspektive* zu richten. Eine Herangehensweise aus mehreren *Sichtweisen* und *Blickwinkeln* scheint ein guter Ausgangspunkt zu sein, um das Geschriebene zu reflektieren und auf Ihr Leben anzuwenden.

Das ganze Geheimnis vom *Sinn* des Lebens und der Liebe ist folgendes: Es gibt weder *Unglück* noch *Glück* auf dieser Welt. Es gibt lediglich einen *Vergleich* von einem Zustand mit einem anderen Zustand. Nicht mehr und nicht weniger – das ist alles. Nur jene Menschen, welchen großes Unglück widerfahren ist, sind fähig ihr wahres Glück zu empfinden. Dieses Prinzip zieht sich von vorn bis hinten durch unser ganzes Leben. Geben Sie sich selbst auf und Sie werden Ihr Leben retten. Unterwerfen Sie sich dem Tod – dem Tod Ihrer Ambitionen und Wünsche an jedem Tag und dem körperlichen Tod am Ende. Man muss den Tod gewollt haben, nur so kann man erfahren wie schön das Leben ist. Unterwerfen Sie sich mit allen Fasern Ihres Wesens bewusst der Endlichkeit und Sie werden ewiges Leben, Liebe, Glück und Wohlbefinden finden. Halten Sie nichts zurück. Nichts, was Sie nicht dahingegeben haben, wird je wirklich Ihnen gehören. Nicht das Geringste in Ihnen, was nicht gestorben ist, wird je zu anderen wieder zurückkehren. Gehen Sie in Ihrem Inneren auf die Suche nach sich selbst und Sie werden auf die Dauer nur Einsamkeit, Verzweiflung, Auflösung, Verfall und Wut finden. Aber gehen Sie auf die Suche nach anderen Menschen und Sie werden in ihnen finden, was Sie suchen und mit ihnen alles andere noch dazu. Also wählen Sie das Leben, wählen Sie bewusst, seien Sie glücklich und bedenken Sie dabei, dass sich all die menschliche Weisheit der vergangenen Jahrhunderte in 3 Worte fassen lässt: *Glaube. Liebe. Hoffnung.* Das Unglück vergreift sich selten an Menschen, deren *Leibwächter* diese 3 Worte einschließen und Sie kommen darüber hinaus besser mit Leid, Missgeschicken, mit anderen Menschen und sich selbst besser zurecht. Nicht selten schließt dies die Erkenntnis ein, dass es wichtiger ist mit seinen Habseligkeiten zufrieden zu sein, welche wir bereits unser Eigen nennen, als mehr von dem zu erstreben, das wir uns wünschen. Sie werden diesen subjektiven Gefühlsregungen und Empfindungen auf vielen Zwischenstopps in Ihrem Leben begegnen und auch auf der Suche nach einem echten Zuhause, nach dem *wahren Sinn* der *Liebe*. Wenn Sie sich dies stets in Erinnerung rufen, so werden Sie, wenn auch anfangs etwas getrübt, das Leben durch die Linse der Bestimmtheit sehen und Sie werden wissen, die richtigen Entscheidungen zu treffen und für das einzutreten, für das es sich lohnt, durchs Leben zu gehen. Die *Liebe*.

Autor

Der Autor war und ist in verschiedenen Berufen tätig – u.a. als Drucktechniker, Betriebswirt, Pädagoge und Publizist. Das Gebiet der Lebenshilfe war ihm immer schon ein Anliegen und er konnte die im Buch erläuterten Grundsätze und Prinzipien im Rahmen seiner Tätigkeiten und Begegnungen mit Mitmenschen fortlaufend anwenden. Die dargelegten Erfahrungen, Lektionen und Ratschläge von Mentoren, Grundsätze und Anekdoten halfen ihm immer wieder im Laufe seines Lebens, deshalb wollte er diese auch den Lesern mitgeben und ihnen viele unnötige Leidenswege und Herzschmerzen ersparen. Darüber hinaus sieht er sich als Freund, der gemeinsam mit seinen Lesern, Seite an Seite den Weg zu mehr Glück, Liebe und Wohlbefinden geht. Er ist Windhag Leistungsstipendiat, Stipendiat der Michael von Zoller-Stiftung, der Karl Seitz- und Julius-Raab-Stiftung. Seit jeher ist er in verschiedenen Freiwilligenorganisationen, im sozialen Bereich und in der Hilfe für den Nächsten engagiert.

www.ingramcontent.com/pod-product-compliance
Lightning Source LLC
Chambersburg PA
CBHW050835160426
43192CB00010B/2034